オトワレストラン 音羽和紀

野菜がおいしいデリのアイデア191

選ばれるデリの決め手は、野菜使い！

柴田書店

はじめに

デリにおいて野菜は、重要な役割を果たすものです。
カラフルな野菜を使ったサラダは華やかで、
それだけで目を引きます。
もちろん見た目だけではありません。
肉や魚介も、野菜と合わせて食べることにより、
よりおいしく味わえますし、
栄養バランスを整える、手助けにもなるでしょう。
高齢化社会を背景に、健康志向がさらに進むと考えられるこれからの時代、
野菜を上手にとり入れたデリのニーズは、
今後ますます高まるのではないでしょうか。

この本では、そんな野菜をさまざまな形で使ったデリを、
多数ご紹介しています。
野菜は身近なものを中心に選び、
できるだけ無駄なく使いきるよう心がけました。
また、野菜の味わいを生かしたピュレやスープ、
野菜と組み合わせたフレンチトーストなど、
新しい形のデリも、ご提案しています。

デリショップや、さまざまなスタイルの飲食店はもちろん、
ご家庭でもお使いいただける一冊です。
多くの方に、お役立ていただければうれしく思います。

音羽和紀

デリについて

デリカショップ・オーベルジュ

　宇都宮市内にあった百貨店の方にお声かけいただいて、地下の売り場の一角に、「デリカショップ・オーベルジュ」を出店したのは、1983年のこと。市内にレストランを開業してから2年後のことでした。その後現在の店に移転し、営業を続けています。

　これだけ長い期間続けることができたのは、百貨店のお客様が求めている商品を、ある程度そろえることができているためではないかと思います。

　開店当初は、サラダとドレッシングだけを販売していましたが、その後、フランス総菜を含む、その他の洋総菜も扱うようになりました。フランス総菜を並べたのは、当時フランス料理にあまりなじみのなかった宇都宮の人たちに、フランスの食文化に少しでも親しんでいただきたいと、考え

たためでもありました。

　主力商品は今もサラダですが、多くのお客様が、サラダとほかのデリを組み合わせてご購入されます。現在の商品構成は、6割をサラダが占め、そのほかにキッシュやローストチキン、ハンバーグなどの温総菜、ローストビーフやリエットなどのオードブル、パン、デザート、ドレッシングなどとなっています。

　大人から子どもまで、日常的においしく食べられる料理から、ちょっとしたおもてなしにも使える料理まで幅広くそろえていることが、使い勝手のよさにつながっているのではないかと思います。

ロングセラー商品

　「デリカショップ・オーベルジュ」では、開店当初から、できるだけ身近な素材を使うようにしています。そしてマヨネーズをはじめとするソースやドレッシング類も、すべて自分たちで作ります。開店当初とくらべ商品数は増え、料理の幅も広がりましたが、基本的な考え方は今も変わりません。

　主力商品であるサラダの中には、30年以上のロングセラーとなっている定番サラダがいくつかあります。メークインを使ったポテトサラダや、レーズンをアクセントにしたさつまいものサラダ（p.26）。そして、大根とハムのサラダ（p.28）もそのひとつです。これは、大根を幅広のリボン状にカットして、ほどよく水分を抜いて歯ごたえを生かし、ハムと合わせてフレンチドレッシングで和えるというシンプルなもの。素材自体に目新しさはありませんが、大根のカット幅や厚み、塩のあて方、適切なドレッシングの量や濃度などのさ

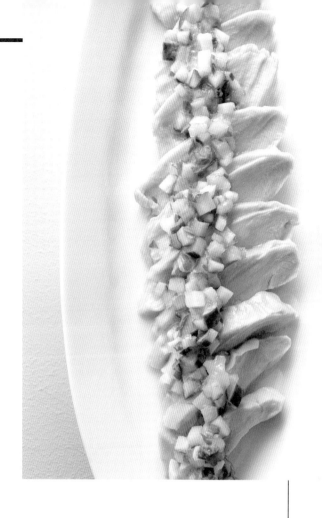

じ加減が、何度でもくり返し食べたくなるおいしさを生み出します。しっかりとした知識と調理技術がベースにあることは、レストランが営むデリショップの大きな強みです。

　また料理ではありませんが、開店当初からずっと同じ配合で作り続け販売しているフレンチドレッシング（p.200）も、1日に40〜50本売れるロングセラー商品です。日常の食卓になじむ食べ飽きない味で、サラダのほかにも、料理のソースとして使用したり、素材をマリネしたりとさまざまな使い方ができるため、常備調味料のひとつになっているご家庭もあるようです。

　このように、くり返し食べたくなる商品があることが、長く続くデリショップの条件といえるでしょう。

野菜の上手な使い方

　野菜には、いろいろな利点があります。色もそのひとつ。さまざまな色の野菜を使ったサラダは、ショーケースを華やかに彩り、目を引きます。また、シンプルに調理した肉や魚介などに野菜を組み合わせることで、季節感を表現できたり、おいしさがアップしたり、簡単に味わいを変えることができたりするのは、レストランの料理に添えられた、野菜の付け合わせやソースの働きを考えるとわかりやすいでしょう。

　この本では、このように野菜＋他素材の料理の組み合わせも、多数ご紹介しています。

　たとえば、低温で火を入れた鶏胸肉は、合わせるソースやサラダを変えるだけで、簡単に違う料理になりますし（p.124〜125）、鶏のから揚げ（フリット）も、からめるソースや野菜を変えることで、味の幅が広がります（p.133）。付け合わせを、クレソンやマッシュポテトから春菊のサラダに変えるだけで、なんでもないローストビーフが、新鮮な味わいに感じられるでしょう（p.153）。

　また、キッシュやテリーヌ、コロッケといった、デリショップの定番商品にもう少し個性を出したいと思ったら、やはり野菜を使うのがひとつの方法です。たとえば、フランスの伝統料理であるキッシュ・ロレーヌの具は、ベーコンとグリュイエール・チーズが基本です。日本では、シメジやホウレン草などを加えたものもよく見かけますが、ほかにもいろいろな野菜を使ったアレンジが考えらえます（p.96〜100）。

　このように、料理のバリエーションを増やすために、野菜を活用してみてはいかがでしょう。

Contents

Chapter 4

ムースとピュレ、スープ、スイーツ、
ドレッシングとソース

撮影　　　天方晴子
AD　　　　細山田光宣
デザイン　能城成美（細山田デザイン事務所）
DTP　　　横村 葵
取材協力　村川愛子
編集　　　長澤麻美

この本を使う前に

● レシピ中の「E.V.オリーブ油」は、エクストラ・バージン・
　オリーブ油のこと。
● シュレッドチーズは、グリュイエール、ゴーダなど、好みの
　チーズを使うとよい。
● 「小麦粉」は、特に記載がない場合、すべて薄力粉を使用し
　ている。
● 材料の分量、加熱時間などはあくまでも目安。食材の状態、
　使用する機器、好みなどにより変わるため、調整するとよい。
● オーブンは、すべて予熱して使用している。
● 本書では、一部の料理（素材のマリネや加熱など）に、真空
　パック器や、鍋に入れて使用する低温調理器を使用している
　が、これらの機器がない場合は、バットでマリネしたり、鍋
　で火を入れるなどするとよい。

Chapter 1

サラダ

———

色とりどりの野菜を使ったサラダは、デリショップの主力商品。
サラダと他のデリを組み合わせて購入されるお客様は多く、
デリショップに立ち寄る目的にもなっている。
定番サラダのほか、季節ごとに旬の野菜を使ったサラダをそろえるといい。

ミニトマトと
カッテージチーズのサラダ

カラフルなミニトマトが目を引く。
トマトは好みの品種や色のものを、
好みのバランスで使うとよい。

材料（作りやすい量）

ミニトマト(赤)…10個
ミニトマト(緑)…5個
ミニトマト(黄)…5個
玉ネギ…30g(＊)
パプリカ(赤)…40g
塩…少量
白ワインビネガードレッシング(＊)
　…適量
カッテージチーズ…30g
イタリアンパセリの葉…適量
レモンの皮…少量

＊玉ネギは、新玉ネギならもう少し多くてもよい。
＊白ワインビネガードレッシング：
　白ワインビネガーとE.V.オリーブ油を2：3の比
　率で混ぜ合わせ、塩、コショウで味を調える。

1　ミニトマトは縦半分に切る。玉
　　ネギとパプリカは縦5mm幅に
　　切り、塩を少量ふる。

2　1と白ワインビネガードレッシ
　　ングをさっと合わせる。

3　器に盛り、カッテージチーズと
　　イタリアンパセリの葉を散らす。
　　レモンの表皮をおろしかける。

トマトときゅうりと
うどのサラダ

ドレッシングに、少量の粉末かつおだしで
和のニュアンスを加えた。
きゅうりは粗く割ることで、
味がからみやすくなる。

材料(作りやすい量)

トマト(小〜中サイズ。
　赤、黄、緑など好みで)…計110g
キュウリ…150g
ウド…20g
緑オリーブ…3個ほど
塩…適量
【ドレッシング(作りやすい量)】
　白ワインビネガー…10g
　オリーブ油(ピュア)…10g
　チキンブイヨン…10g
　粉末かつおだし…好みの量
　塩…適量

1　トマトは食べやすい大きさに切
　　る。キュウリは包丁の腹などで
　　押して食べやすい大きさに割り、
　　軽く塩をふる。ウドは斜め薄切
　　りにして軽く塩をふる。緑オリ
　　ーブは種をとり、1/2〜1/4
　　の大きさにちぎる。

2　ドレッシングの材料をボウルで
　　混ぜ合わせる。1のキュウリと
　　ウド、緑オリーブを入れて、和
　　える。

3　2をトマトとともに器に盛り付
　　ける。

きゅうりとセロリと
ベーコンのサラダ
レモンシロップドレッシング

清涼感のある野菜の組み合わせに、
レモン風味のドレッシングがよく合う。

レモンの塩・砂糖漬け（マリネ）

さまざまな料理やデザート、
ドリンクのベースとしても使用できる。
オレンジ、ライム、ユズなどでも、
同様に作ることができる。

> **材料（作りやすい量）**

レモン…2〜3個
塩…100g／砂糖…150g

＊分量は目安。甘めがよければ砂糖の量をもう少し
　増やしてもよい。

1　レモンを輪切りにしてボウルに入れ、
　　塩を加え、全体にいきわたるように
　　合わせる。次に砂糖を加え、全体に
　　いきわたるように合わせる。

2　保存容器に入れて冷蔵庫で保存する。
　　半月から1ヵ月間を目安に漬け込む
　　（途中でときどき混ぜる）。

レモンシロップドレッシング

> **材料（作りやすい量）**

レモンの塩・砂糖漬け（上記）の汁…15g
白ワインビネガー…15g
E.V.オリーブ油…20g
塩…適量

すべての材料を混ぜ合わせる。

> **材料（作りやすい量）**

キュウリ…120g（1本）	レモンの塩・砂糖漬け
セロリの茎…55g	（右記）…適量
セロリの葉…適量	レモンシロップドレッシング
ベーコン（ブロック）…40g	（右記）…適量
玉ネギ…10g	ミント…適量／塩…適量

1　キュウリは一口大の乱切りにし、セロリの茎はスジがあ
　　れば取り、食べやすい大きさに切る。それぞれ塩をふる。

2　ベーコンは、小さめの直方体に切り、さっと湯通しする。
　　玉ネギは粗みじん切りにする。セロリの葉は、食べやす
　　い大きさにちぎる。

3　1の水気を軽くきって2とさっと混ぜ、レモンシロップ
　　ドレッシングで和える。器に盛り、食べやすい大きさに
　　切ったレモンの塩・砂糖漬けをのせる。ミントを散らす。

トマトときゅうりと
パクチーのサラダ

なんでもない野菜の組み合わせだが、
パクチーを加えるだけで
いつもと違うサラダになる。
パクチーの量はお好みで。

材料（作りやすい量）

トマト…4個
キュウリ…2本
赤玉ネギ（またはエシャロット）…少量
赤ワインビネガー…適量
オリーブ油（ピュア）…適量
塩…適量
ハチミツ…適量（*）
クミン（パウダー）…少量
パクチー（粗みじん切り*）…好みの量

*ハチミツの量は、トマトの甘さにより加減。
*パクチーの代わりにルコラやクレソンを使用し
　てもよい。

1　トマトは皮を湯むきして、横半
　　分に切り、種をとる。2cm角
　　に切り、軽く塩をふる。

2　キュウリは1cm角に切る。赤玉
　　ネギはみじん切りにする。それ
　　ぞれ軽く塩をふる。

3　赤ワインビネガーとオリーブ油
　　を2：1の比率で合わせ、塩、
　　ハチミツで味を調える。

4　1と2、適量の3をボウルで合
　　わせ、クミン、パクチーを加え
　　て和える。

*トマトの皮や種は、好みによりとらなくてもよい。

セロリときゅうりと
カッテージチーズのサラダ

白ワインビネガードレッシングでさっぱりと。

材料（作りやすい量）

キュウリ…140g（太め1本）／セロリ（茎と葉）…80g
枝豆（ゆでてさやから出したもの）…60g
カッテージチーズ…30g
塩、白ワインビネガードレッシング（*）…各適量
レモンの皮…少量

*白ワインビネガードレッシング：
　白ワインビネガーとE.V.オリーブ油を2：3の比率で混ぜ合わせ、塩、
　コショウで味を調える。

1　キュウリは小さめの乱切りにし、軽く塩をふる。
　　セロリの茎はスジがあればとり、5mm厚さほど
　　の斜め切りにする。葉も食べやすい大きさに切る。
　　合わせて軽く塩をふる。

2　1の水気を軽くきり、薄皮をとった枝豆と合わせ、
　　白ワインビネガードレッシングで和える。器に盛
　　り、カッテージチーズを散らす。レモンの表皮を
　　おろしかける。

セロリときゅうりの
アンチョビ風味サラダ

ディルやアンチョビをきかせて、大人味のサラダに。

材料（作りやすい量）

キュウリ…1本／セロリの茎…1本／ディル…適量
白ワインビネガー…大さじ1／E.V.オリーブ油…大さじ1
塩…適量／アンチョビ…1〜2枚

1　キュウリは皮をむき、5cm長さ程度の厚めの拍子
　　木切りにする。セロリはスジがあればとり、キュ
　　ウリと同じくらいに切る。

2　1を鍋に合わせ、ひたひたの水と塩を加え、火に
　　かける。沸いたら火をとめてひと呼吸おき、キュ
　　ウリとセロリを鍋からとり出し、冷ましておく。

3　2をボウルに入れ、ディルをちぎり入れる。

4　白ワインビネガー、E.V.オリーブ油、塩をよく混
　　ぜ合わせ、3に加えて和える。アンチョビをちぎ
　　って加え、和える。

トレビスとベーコンのサラダ

かすかな苦みがおいしいトレビスのサラダ。
肉料理などの付け合わせにもぴったり。

材料（作りやすい量）

トレビス…60〜80g
玉ネギ…10g
赤ワインビネガードレッシング（＊）
　…少量
ベーコン…20g
オリーブ油…少量
クルミ（オーブンでカリッと焼いておく）
　…2個

＊赤ワインビネガードレッシング：
赤ワインビネガーとE.V.オリーブ油を1：1〜
1：2の比率で合わせ、塩、コショウで味を調
える。

1　トレビスは食べやすい大きさにちぎる。玉ネギは縦薄切りに
する。

2　1をボウルに入れ、赤ワインビネガードレッシングを少量加
えてさっと和えておく。

3　ベーコンは棒状に切り、オリーブ油を少量ひいたフライパン
で香ばしく焼く。

4　3が熱いうちに油ごと2に加え、さっと混ぜ合わせる。器に
盛り、クルミを砕いて散らす。

なすと
スモークサーモンのサラダ
白ワインビネガー風味

皮をむいたなすに、スモークサーモンの
うま味と塩気を加えた。
おかひじきが、食感や見た目のアクセントになる。

材料（作りやすい量）

ナス…3本
スモークサーモン（＊）…40g
オカヒジキ…適量
白ワインビネガードレッシング（＊）
　…適量
揚げ油…適量

＊スモークサーモンは、ここではヤシオマスの燻製
　を使った。
＊白ワインビネガードレッシング：
　白ワインビネガーとE.V.オリーブ油を2：3の比
　率で混ぜ合わせ、塩、コショウで味を調える。

1　ナスの皮に竹串などで数ヵ所穴
　　をあけ、素揚げする。皮をむき、
　　粗熱をとる。一口大に切る。

2　オカヒジキはさっとゆがいて水
　　気をきる。冷めたら食べやすい
　　長さに切り、白ワインビネガー
　　ドレッシングで和える。

3　器に1のナスを半量盛り、白ワ
　　インビネガードレッシングをか
　　け、食べやすい大きさに切った
　　スモークサーモンと、1の残り
　　のナスをのせる。ふたたび白ワ
　　インビネガードレッシングをか
　　け、2をのせる。

なすと
ししとうのサラダ
生姜風味ドレッシング

素揚げしたなすやししとう、椎茸に、
醤油やおろし生姜を加えた
フレンチドレッシングを合わせ、
和の食卓にもなじみやすいサラダに。

材料（作りやすい量）

ナス…2〜3本
シシトウ（または万願寺唐辛子）
　　…7〜8本
シイタケ（小さめ）…10個ほど
フレンチドレッシング(p.200)…60g
醤油…5g
生姜（すりおろし）…5g
揚げ油…適量
塩…適量

1　ナスは一口大の乱切りにする。
　　シシトウは、竹串などで数ヵ所
　　穴をあける。どちらもさっと素
　　揚げし、ペーパータオルで油を
　　よくとる。

2　シイタケは（大きければ食べや
　　すい大きさに切る）、素揚げする。
　　油をきり、軽く塩をふる。

3　フレンチドレッシング、醤油、
　　おろし生姜を混ぜ合わせる。

4　1と2を合わせ、3で和える。

インカのめざめと
ねぎマヨネーズのサラダ

甘みのあるじゃがいも「インカのめざめ」に、
ねぎマヨネーズを合わせてバランスをとる。
温かいままでも、冷めてもおいしい。

材料（作りやすい量）

ジャガイモ（インカのめざめ）…250g
ねぎマヨネーズ（右記）…40〜50g
ツナ（オイル漬け缶詰）…30g（＊）
塩…適量

＊ツナの量は、好みで増減してもよい。

1 ジャガイモを皮つきのまま蒸し
   て、皮をむく。大きければ、食
   べやすい大きさに切る。

2 ねぎマヨネーズにツナを加え、
   混ぜ合わせる。塩で味を調える。

3 1が温かいうちに、2で和える。

ねぎマヨネーズ

材料（作りやすい量）

長ネギ（やわらかくゆでたもの）…120g
マヨネーズ…30g
塩（必要な場合）…適量

1 ゆでた長ネギを細かく刻む。

2 1をマヨネーズとよく混ぜ合わせる。
   必要であれば塩で味を調える。

きのこのコンフィと
温泉卵とルコラのサラダ

うま味のある四川唐辛子を加えて
コンフィにしたきのこに、
ルコラを合わせてサラダに。
温泉卵がソースの役目を果たす。

材料（作りやすい量）

【きのこのコンフィ】
- シイタケ(小さめ)…7個
- マイタケ…1房
- ニンニク…1粒
- 四川唐辛子(朝天唐辛子)…3個
- オリーブ油…適量

温泉卵(＊)…2〜3個
ルコラ…1〜2束
バルサミコ酢ドレッシング(＊)…適量
塩、ミニョネット(粗く砕いた黒粒コショウ)、
　グラナ・パダーノ・チーズ…各適量

＊温泉卵：冷蔵庫から出したての卵を、63℃の湯に
　　入れ、25分加熱する。
＊バルサミコ酢ドレッシング：
　　バルサミコ酢とE.V.オリーブ油を1：1の比率で
　　合わせ、塩、コショウで味を調える。

1　きのこのコンフィを作る。シイ
　　タケは、大きければ半分に切り、
　　マイタケは大きめに割く。

2　厚手の鍋に、多め（きのこ全体
　　が浸かるくらい）のオリーブ油
　　とニンニク、四川唐辛子を入れ
　　て火にかける。80℃に保ち、
　　唐辛子とニンニクの香りがしっ
　　かり出てきたら1のきのこを
　　入れ、火が通るまで加熱する。

3　2からきのこをとり出して器に
　　盛り、割り出した温泉卵、ルコ
　　ラを盛り合わせる。バルサミコ
　　酢ドレッシングをまわしかけ、
　　塩とミニョネットを散らす。グ
　　ラナ・パダーノ・チーズを削り
　　かける。

マッシュポテトと
ブロッコリーとえびのサラダ

えびの種類や量、上にのせるか
混ぜ込むかなどにより、見た目の印象が変わる。
いろいろ試し、好みのバランスを探すとよい。

材料（作りやすい量）

ジャガイモ（蒸して皮をむいたもの）
　　…160g
ブロッコリー（茎も含む）…90g
エビ…2本（＊）
マヨネーズ…60g
フレンチドレッシング（p.200）…30g
塩…適量

＊エビは好みで増やしてもよい。

1　ブロッコリーは小房に分け、塩
　　を加えた湯でゆでる。冷水にと
　　って、水気をとり、細かくほぐ
　　す。

2　エビはゆでて、冷水にとり、殻
　　をむく。水気をとり、食べやす
　　い大きさに切る。

3　マヨネーズとフレンチドレッシ
　　ングを混ぜ合わせる。

4　蒸したジャガイモをつぶし、1
　　と3を加えて混ぜ合わせる。

5　4を器に盛り、2のエビをのせ
　　る。

じゃがいも、ブロッコリー、カリフラワー、生ハムのサラダ

生ハムは混ぜ込まず、
上に散らして存在感を出す。

材料（作りやすい量）

ジャガイモ（蒸して皮をむいたもの）…160g
ブロッコリー、カリフラワー
　　…計80〜100g（＊）
マヨネーズ…40g
フレンチドレッシング（p.200）…30g
生ハム…1〜2枚
塩…適量

＊ここではブロッコリーを多めにしたが、比率は
　好みでよい。

1　ブロッコリーとカリフラワーは、塩を加えた湯でゆでて、冷水にとり、水気をきる。食べやすい大きさにほぐしておく。蒸したジャガイモは粗くつぶす。

2　マヨネーズとフレンチドレッシングを混ぜ合わせ、1と合わせる。

3　器に盛り、適当な大きさに切った生ハムを散らしてのせる。

蒸しじゃがいもと 生ハムのゴルゴンゾーラ風味

ブルーチーズ（ゴルゴンゾーラ）や生ハムを加えた、
大人好みのポテトサラダ。お酒にもよく合う。

材料（作りやすい量）

ジャガイモ（蒸して皮をむいたもの）
　…500g（約5個分）
生ハム…2枚
マヨネーズ…100g
ゴルゴンゾーラ・チーズ…50g
フレンチドレッシング（p.200）…50g
新玉ネギ（みじん切り）…40g
クルミ（オーブンでカリッと焼いておく）
　…適量

1　蒸したジャガイモはマッシャーでつぶす。生ハムは細かく切る。

2　ゴルゴンゾーラ・チーズとフレンチドレッシングを混ぜ合わせ、マヨネーズを加えて混ぜる。

3　1と新玉ネギ、2を混ぜ合わせる。

4　器に盛り、粗めに砕いたクルミを散らす。

蒸しじゃがいもと
鱈のブランダード風

玉ねぎやにんにくもしっかりきかせたポテトサラダ。
タルティーヌやカナッペ、サンドイッチの具にしてもいい。

材料（作りやすい量）

ジャガイモ（蒸して皮をむいたもの）…500ｇ
　（約5個分）
甘塩タラ（または生ダラ＊。切り身）…180ｇ
新玉ネギ
　（または玉ネギ。粗みじん切り）…1個分
ニンニク（みじん切り）…2〜4粒分
生クリーム…30（〜50）ｇ
緑オリーブ（種を除き粗みじん切り）
　…7個分
マヨネーズ…130ｇ
オリーブ油…適量
塩、黒粒コショウ…各適量

＊生ダラを使用する場合は、軽く塩をふる。

1　蒸したジャガイモはマッシャーでつぶす。

2　厚手の鍋にオリーブ油を多めにひき、新玉ネギとニンニクを入れ、焦がさないようにゆっくり時間をかけて、トロトロになるまで炒める。

3　タラは皮と骨を除いて一口大に切り、2の鍋に入れて、ほぐしながら、焦がさないようにゆっくりよく炒める（オリーブ油が足りなければ足す）。

4　3に生クリームを加えて混ぜ、1のジャガイモと緑オリーブを入れて混ぜる。火をとめる。

5　4が冷めたらマヨネーズを加えて混ぜ、塩で味を調える（必要ならオリーブ油も足す）。

6　器に盛り、黒コショウを挽きかける。

さといもの揚げサラダ

煮物に使われることの多いさといも
だが、揚げてサラダにすると、
また違ったおいしさが楽しめる。

┌─────────────────┐
│ 材料（作りやすい量） │
└─────────────────┘

サトイモ…4個ほど
米粉…少量
揚げ油…適量
塩…適量
フレンチドレッシング（p.200）…50g
醤油…2〜3g
生姜（すりおろし）…3g
アサツキ（小口切り）…少量
クルミ（オーブンでカリッと焼いておく）
　　…少量

1　サトイモは皮をむき、洗ってぬ
　　めりを流し、水気をとる。1
　　cm幅程度の輪切りにし、米粉
　　を薄くまぶす。火が通るまで揚
　　げて、塩をふる。

2　フレンチドレッシングに、醤油
　　とおろし生姜を加えて混ぜ合わ
　　せ、1を和える。

3　器に盛り、アサツキとクルミを
　　散らす。

さといもと春菊と
ツナのサラダ

ツナのうま味を加えたドレッシングが、
ねっとりとしたさといもによく合う。

材料（作りやすい量）

サトイモ…250g
春菊…50g
フレンチドレッシング（p.200）…50g
ツナ（オイル漬け缶詰＊）…40g

＊ツナの代わりに、サバのオイル漬け缶詰などを
　使ってもよい。

1　サトイモは皮つきのまま蒸して、
　　皮をむく。食べやすい大きさに
　　切る。

2　春菊はさっとゆでて、冷水にと
　　る。水気をよくきり、細かく刻
　　む。

3　フレンチドレッシングに好みの
　　量のツナ、2の春菊を加えて混
　　ぜ合わせる。

4　1に3を加えて和える。

サラダ

かぼちゃとブルーチーズのサラダ

ブルーチーズ（ゴルゴンゾーラ）風味のソースが
おいしい、大人好みのかぼちゃサラダ。
かぼちゃは大きめにカットするとバランスがいい。

材料（作りやすい量）

カボチャ…適量　　　　　　生クリーム…12g
ヨーグルト（プレーン）…80g　塩、コショウ…各適量
ゴルゴンゾーラ・チーズ　　　クルミ（オーブンでカリッ
　　…12g　　　　　　　　と焼いておく）…適量
E.V.オリーブ油…16g

1　カボチャは種をとり、皮つきのまま蒸す。大きめ
　　の一口大に切る（皮が硬ければ、除いてもよい）。

2　ヨーグルト、ゴルゴンゾーラ・チーズ、E.V.オリ
　　ーブ油、生クリームをよく混ぜ合わせ、塩とコシ
　　ョウで味を調える。

3　1に2を好みの量加えて和える。器に盛り、砕い
　　たクルミを散らす。

さつまいものサラダ

ほっとする甘みを食卓に添えてくれる。

材料（作りやすい量）

サツマイモ…300g　　　　白ワイン（または水）…10g
玉ネギ（薄切り）…30g　　塩、コショウ…各少量
レーズン…30g　　　　　アサツキ（小口切り）…少量
マヨネーズ…90ml（72g）

1　サツマイモはよく洗い、皮つきのまま蒸す。冷め
　　たら1cm厚さの輪切りにする（大きければ、半月
　　切りにする）。

2　レーズンは、分量の白ワインに少し浸けておく。

3　2からレーズンをとり出し、ワインはマヨネーズ
　　に加えて、混ぜ合わせておく。

4　ボウルに1と玉ネギ、3のレーズンを入れて軽く
　　塩、コショウをし、3のマヨネーズを加えて和え
　　る。器に盛り、アサツキを散らす。

ごぼうと
ポテトフリッツのサラダ

素揚げしたごぼうとじゃがいもに、
フレンチドレッシングをからめて食べていただく。
ドレッシングは食べる直前に
かけていただきたいので、別添えに。

材料

ジャガイモ（メークイン）…適量
ゴボウ…適量
揚げ油…適量
塩…適量
白ゴマ、黒ゴマ…各適量
フレンチドレッシング（p.200）…適量

1　ジャガイモは皮をむき、スライサーで薄切りにし、包丁で細
切りにする。

2　ゴボウは細切りにする。

3　1と2をさっと素揚げして、油をきる。器に盛り、塩、白ゴ
マ、黒ゴマをふる。

4　フレンチドレッシングに白ゴマ、黒ゴマを混ぜ合わせる。3
に添える。

大根とハムのサラダ

「デリカショップ・オーベルジュ」のロングセラーサラダ。
大根を幅広にカットし、適度に水分を抜いて
歯ごたえを生かすのがポイント。

材料（作りやすい量）

大根…300g
ハム…50g
フレンチドレッシング(p.200)…60㎖
カイワレ菜…適量
ケッパー…少量
塩、コショウ…各少量

1 大根は皮をむき、6〜7㎝厚さの輪切りにして、繊維に沿って1.5㎝厚さ程度に切る。縦の幅の狭い面にスライサーを当て、2㎜厚さ程度の短冊状に切る。塩を少量ふって混ぜ合わせ、冷蔵庫に4〜5時間おいて、水分を出しておく。

2 ハムは、大根と同じくらいの形状に切る。

3 1の水分をよくとり、2と合わせてボウルに入れる。フレンチドレッシングを加えて和え、塩、コショウで味を調える。

4 器に盛り、カイワレ菜とケッパーを散らす。

柿とかぶのサラダ

かぶと柿の甘みがおいしい、季節感のあるサラダ。
ほんのりきかせた生姜が、柿の甘みによく合う。

材料

柿(＊)…適量
カブ…適量
塩…適量
フレンチドレッシング(p.200)…適量
生姜(すりおろし)…少量
カブの葉…少量

＊柿は、特別甘いものでなくてもよい。カブと同
　じくらいの食感のものがよい。
＊ここでは、カブ3：柿2ぐらいで合わせたが、
　比率は好みでよい。

1　柿とカブは皮をむき、8等分のくし形に切る。それぞれ軽く
　　塩をふっておく。

2　カブの葉は、さっとゆでて水気をきり、刻んでおく。

3　フレンチドレッシングにおろし生姜を加えて混ぜ合わせる。

4　1に、2と3を加えて和える。

れんこんのサラダ
フレンチ味噌ドレッシング

あまりがちな長ねぎの青い部分も、
細かく刻んで味噌とともにフレンチドレッシングに
加えれば、根菜によく合うドレッシングになる。

材料（作りやすい量）

レンコン…200g
長ネギ（青い部分をゆでたもの）…60g
フレンチドレッシング（p.200）…50g
味噌…5g
塩…適量

1 レンコンは皮をむき、5mm幅程度の輪切りにし、
　さっとゆでる（鮮度のいいレンコンなら生でもよい）。

2 フレンチドレッシングに味噌を加えて混ぜる。ゆ
　でた長ネギをみじん切りにして加え、混ぜ合わせ
　る。

3 1を2で和え、塩で味を調える。

焼きれんこんのサラダ
味噌マヨネーズ

焼き目をつけたれんこんに、
味噌と生姜を加えたマヨネーズをからめた。
おつまみにもいい。

材料（作りやすい量）

レンコン…150g 　　【味噌マヨネーズ】
サラダ油…適量 　　 マヨネーズ…40g
塩…適量 　　　　　 生姜（すりおろし）…5g
　　　　　　　　　　 味噌…5g

1 レンコンは皮をむき、1cm幅程度の輪切りにする。
　サラダ油を薄くぬったフライパンで両面ともじっ
　くり焼き、塩をふる。

2 味噌マヨネーズの材料を混ぜ合わせる（濃度が高
　すぎるようなら水で調整する）。

3 1を2で和える。

れんこんと長ねぎとしらすのサラダ

米粉を薄くまぶして揚げたれんこんを、
生姜風味のドレッシングと合わせ、
しらすで塩味とうま味を加える。

材料（作りやすい量）

レンコン…1節分
長ネギ（やわらかくゆでたもの）…20ｇ
フレンチドレッシング（p.200）…30ｇ
生姜（すりおろし）…少量
シラス…適量
米粉…適量
揚げ油…適量

1　レンコンは皮をむき、一口大の乱切りにする。米粉を薄くまぶし、揚げる。

2　ゆでた長ネギを細かく刻み、フレンチドレッシング、おろし生姜と混ぜ合わせる。

3　1と2を合わせる。器に盛り、シラスを散らす。

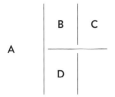

A　カリフローレのマヨネーズサラダ

B　スナップえんどう、スティックブロッコリー、
　　赤玉ねぎ、生ハムのサラダ

C　ブロッコリーとゆで卵のサラダ
　　マッシュポテトソース

D　ブロッコリーのホットサラダ

A

カリフローレの
マヨネーズサラダ

カリフローレの形状を生かし、
ゆで卵を効果的に使って華やかな盛り付けに。

材料（作りやすい量）

カリフローレ…230g　　マヨネーズ…80g
玉ネギ…10g　　　　　生クリーム…35g
アンチョビ…2枚　　　ゆで卵…1個
ホウレン草(ゆでたもの)…30g　塩…適量

1　カリフローレを、塩を加えた湯でゆでて、冷
　　水にとる。水気をとり、器に盛る。

2　玉ネギ、アンチョビ、ゆでたホウレン草はみ
　　じん切りにする。

3　マヨネーズに生クリームと2を加えて混ぜ合
　　わせ、塩で味を調える。

4　ゆで卵は白身と黄身に分けて、みじん切りに
　　する。

5　1に3をかけ、4を散らす。

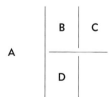

B

スナップえんどう、
スティックブロッコリー、
赤玉ねぎ、生ハムのサラダ

初夏に出回る野菜のおいしさを、
シンプルに楽しむサラダ。
生ハムの塩気を添え、野菜の甘みを邪魔しない
ドレッシングをかけて。

材料

スナップエンドウ…適量
スティックブロッコリー…適量
赤玉ネギ…適量
生ハム…適量
赤ワインビネガードレッシング(*)…適量
塩…適量

*赤ワインビネガードレッシング：
　赤ワインビネガーとE.V.オリーブ油を1：1〜1：2の比率で合わ
　せ、塩とコショウで味を調える。

1　スナップエンドウ（スジがあればとる）とス
　　ティックブロッコリーは、それぞれ塩を加え
　　た湯でゆでて、冷水にとり、水気をとる。赤
　　玉ネギは縦に薄切りにする。

2　1をさっと合わせて器に盛る。生ハムを散ら
　　し、赤ワインビネガードレッシングをまわし
　　かける。

C

D

ブロッコリーとゆで卵のサラダ
マッシュポテトソース

全体を混ぜてしまわずに、
ソースやゆで卵を上からかけるようにして
ブロッコリーの緑色を生かす。

材料（作りやすい量）

ブロッコリー… 1/2株
ゆで卵… 1個
ジャガイモ（蒸して皮をむき、つぶしたもの）…40g
ハム（小角切り）…30g
マヨネーズ…30g
牛乳…60g
フレンチドレッシング（p.200）…25g
白粒コショウ…少量
塩…適量

1 ブロッコリーを小房に分け、塩を加えた湯で
　 ゆでて、冷水にとり、水気をとる。

2 ゆで卵は適宜に刻む。

3 マヨネーズと牛乳、フレンチドレッシングを
　 混ぜ合わせる。

4 つぶしたジャガイモ、ハム、2の半量、3を
　 混ぜ合わせる。白コショウを挽きかけ、味を
　 調える。

5 器に1のブロッコリーを盛り、4をかける。
　 残りの2を散らす。

ブロッコリーのホットサラダ

マヨネーズやドレッシングを使わずに、
ベーコンやにんにく、
グラス・ド・ヴォライユのうま味を加えた。

材料（作りやすい量）

ブロッコリー（茎や葉も）… 1株
玉ネギ（みじん切り）…20g
ベーコン（みじん切り）…20g
ニンニク（みじん切り）…適量
アサツキ（みじん切り）…10g
ケッパー…5g
オリーブ油…適量
グラス・ド・ヴォライユ（またはジュ・ド・ヴォライユ）
　 …10g
塩、E.V.オリーブ油…各適量

1 フライパンにオリーブ油をひき、玉ネギを入
　 れて、しっかり色づくまで炒める。ベーコン
　 とニンニクを加え、さらに炒める。

2 火をとめて、グラス・ド・ヴォライユを加え
　 て混ぜ、アサツキとケッパーを加え、塩で味
　 を調える。E.V.オリーブ油を加える。

3 ブロッコリーを食べやすい大きさに切り分け
　 て、塩を加えた湯でゆで、水気をとる。

4 2が温かいうちに、3に加えて和える。

B 豆と雑穀とキャベツのサラダ

C 白いんげん豆のサラダ

D 豆と雑穀とご飯のサラダ

E 豆と雑穀とツナのサラダ

サラダ

A

B

ミックスビーンズとさばのサラダ

ミックスビーンズに野菜やベーコン、
水煮のさばなどを合わせて。

材料（作りやすい量）

ミックスビーンズ　　　　オリーブ油、塩
　（レトルト）…200g　　…各適量
長ネギ…30g　　　　　赤ワインビネガー
シイタケ（大）…1個(25g)　ドレッシング（＊）
玉ネギ（縦薄切り）…10g　…適量
赤玉ネギ（縦薄切り）…20g　イタリアンパセリ
サバの水煮（缶詰＊）…約30g　（粗みじん切り）
ベーコン（1cm角切り）…30g　…適量
ニンニク（みじん切り）…適量

＊サバの水煮は、好みにより増減してもよい。汁気を軽くきり、大き
　めにほぐしておく。
＊赤ワインビネガードレッシング：
　赤ワインビネガーとE.V.オリーブ油を1：1の比率で合わせ、塩、
　コショウで味を調える。

1　長ネギと裏返したシイタケに、オリーブ油を
　まわしかけて軽く塩をふり、グリルで火が通
　るまで焼く。

2　1の粗熱がとれたら、長ネギは1cm幅ほどの
　小口切りに、シイタケは1cm角に切る。

3　ボウルにミックスビーンズ、2、玉ネギ、赤
　玉ネギ、サバの水煮、ベーコン、ニンニクを
　入れ、赤ワインビネガードレッシングを加え
　て和える。

4　器に盛り、イタリアンパセリを散らす。

豆と雑穀とキャベツのサラダ

3種類のレトルト食品を活用したヘルシーサラダ。

材料（作りやすい量）

キャベツ…130g
A
　大豆（レトルト＊）…60g
　ミックスビーンズ（レトルト＊）…80g
　豆と雑穀のミックス（レトルト＊）…80g
ベーコン（小角切り）…30g
玉ネギ（みじん切り）…20〜30g
塩、フレンチドレッシング(p.200)…各少量
赤ワインビネガードレッシング（＊）…適量

＊レトルトの大豆「北海道大豆」、ミックスビーンズ、豆と雑穀のミ
　ックス「10種ミックス（豆と穀物）」は、サラダクラブの製品を使
　用した。
＊好みでトウモロコシを加えてもおいしい。
＊赤ワインビネガードレッシング：
　赤ワインビネガーとE.V.オリーブ油を1：1〜1：2の比率で合わ
　せ、塩、コショウで味を調える。

1　キャベツは5mm幅程度に切る。塩をふり、少
　量のフレンチドレッシングで和える。

2　1とA、ベーコン、玉ネギを合わせ、赤ワイ
　ンビネガードレッシングで和える。

白いんげん豆のサラダ

うま味のある豆は、シンプルな味つけで充分においしい。

材料（作りやすい量）

白インゲン豆（ゆでたものやレトルト）
　　…300g
ニンジン（ゆでたもの）…40g
ベーコン…50g／玉ネギ…少量
フレンチドレッシング（p.200）…60g
塩…少量／黒粒コショウ…適量
イタリアンパセリ…適量

1　ニンジンとベーコンは、小角切りにする。玉ネギはみじん切りにし、軽く塩をふる。

2　1と白インゲン豆を合わせ、フレンチドレッシングで和える。黒コショウを5回ほど挽きかける。イタリアンパセリを刻んで加え、合わせる。

豆と雑穀とご飯のサラダ

好みのハーブを加えてもよい。

材料（作りやすい量）

豆と雑穀のミックス（レトルト。下記＊）
　　…140g
ご飯…100g／ニンジン…20g
玉ネギ…20g／セロリの葉…適量
フレンチドレッシング（p.200）
　　…100〜120g
生姜（すりおろし）…少量／塩…適量

1　ご飯は水にさらし、水気をきる。

2　ニンジンと玉ネギはみじん切りにし、軽く塩をふる。セロリの葉は適宜に刻む。

3　フレンチドレッシングに少量のおろし生姜を混ぜ合わせる。

4　豆と雑穀のミックス、1のご飯、2、3のドレッシングを混ぜ合わせる。

豆と雑穀とツナのサラダ

パラつきやすい豆や穀物が、
ドレッシングとツナのとろみでまとまりやすくなる。

材料（作りやすい量）

豆と雑穀のミックス
　　（レトルト＊）…140g
ツナ（オイル漬け缶詰）…20g
玉ネギ…20g
フレンチドレッシング（p.200）…適量
生姜（すりおろし）…少量
塩、醤油…各少量

1　玉ネギをみじん切りにし、軽く塩をふる。

2　フレンチドレッシングにおろし生姜と醤油を加えて混ぜる。

3　豆と雑穀のミックス、ツナ、1、2のドレッシングを混ぜ合わせる。

＊レトルトの豆と雑穀のミックスは、「10種ミックス（豆と穀物）」（サラダクラブ）を使用した。

B たこときゅうりと春菊のサラダ

C たことパプリカのサラダ

A

帆立と甘えびとトマトのサラダ

さっとゆでた帆立と甘えびに、
カラフルなトマトを合わせてサラダに。
白ワインビネガードレッシングの酸味がおいしい。

材料 (作りやすい量)

ホタテ貝柱… 3〜4個
甘エビ(殻をむく)… 8本
新玉ネギ…約1/6個(20g)
ミニトマト(赤、黄、緑)…各3〜4個
レモン(スライス)… 1〜2枚
黒オリーブ… 3〜4個
白ワインビネガードレッシング(*)…適量
イタリアンパセリ(粗みじん切り)…適量
塩…適量

*白ワインビネガードレッシング：
　白ワインビネガーとE.V.オリーブ油を1：1〜1：2の比率で合わせ、塩、
　コショウで味を調える。

1　ホタテ貝柱と甘エビは、それぞれ軽く塩をふり、さっとゆでる。水気をとる。

2　新玉ネギは、5mm幅ほどのくし形に切り、ほぐしておく。トマトは食べやすい大きさのくし形に切る。レモンも食べやすい大きさに切る。

3　1、2、黒オリーブ、白ワインビネガードレッシング、イタリアンパセリを混ぜ合わせる。

たこときゅうりと
春菊のサラダ

あっさりとしたきゅうりとたこの組み合わせに、
生の春菊や焼いた椎茸、
ケッパーの風味で変化をつける。

材料（作りやすい量）

キュウリ…80g
シイタケ…1個
タコ（ゆでたもの）…160g
春菊（食べやすい大きさに摘んだ葉）…1株分
ケッパー…15〜16粒
フレンチドレッシング（p.200）…35g
塩…適量

1 キュウリは一口大の乱切りにし、軽く塩をふ
  る。フレンチドレッシングで和える。

2 シイタケは裏返し、傘の内側に塩を少量ふっ
  てグリルで焼く。粗熱がとれたら粗みじん切
  りにする。

3 ゆでダコは一口大に切る。

4 1、2、3、春菊の葉、ケッパーをさっと混
  ぜ合わせる。

たことパプリカのサラダ

歯ごたえのいい野菜にまじったたこが、
食感と味にアクセントを加える。

材料（作りやすい量）

タコ（ゆでたもの）…60g
パプリカ（赤、黄）…各30g
玉ネギ…25g
キュウリ…25g
フレンチドレッシング（p.200）…35g
ニンニク（みじん切り）…少量
タバスコ…3ふり
ディル…少量
塩…適量

1 パプリカは縦細切りにする。玉ネギとキュウ
  リも、パプリカと太さをそろえて縦に切る。
  それぞれ塩を少量ふっておく。ゆでダコは食
  べやすい大きさに切る。

2 フレンチドレッシングにニンニク、タバスコ
  を加えて混ぜ合わせ、1を和える。

3 器に盛り、ディルを散らす。

A たこといかのサラダ 青海苔マヨネーズ

B いかと素麺のサラダ きゅうりオリーブソース

たこといかのサラダ
青海苔マヨネーズ

たっぷりの長ねぎと生青海苔を加えることで、
素材にしっかりからむソースになる。

材料 (作りやすい量)

タコ(ゆでたもの)…60g
イカ…60g
長ネギ…1本
フレンチドレッシング(p.200)…50g
マヨネーズ…10g
生青海苔…8g
ワサビ(すりおろし)…6g
塩…適量

1　ゆでダコと皮をむいたイカは、それぞれさっ
　　とゆでて、水にくぐらせ、水気をとる。食べ
　　やすい大きさに切る。

2　長ネギはやわらかくゆでて、2cm幅ほどの小
　　口切りにする。

3　フレンチドレッシング、マヨネーズ、生青海
　　苔、おろしワサビ、2の長ネギを混ぜ合わせ、
　　塩で味を調える。

4　1を3で和える。

いかと素麺のサラダ
きゅうりオリーブソース

素麺といかの組み合わせに、
オリーブを加えたきゅうりソースを合わせた
ユニークなサラダ。

材料 (作りやすい量)

素麺(＊)…1把
イカ(胴)…50g
【きゅうりオリーブソース】
　キュウリ(すりおろし)…85g
　緑オリーブ…約15g(3個分)
　白ワインビネガー…12g
　サラダ油…20g
　塩…適量
ユズ(またはレモン)の皮…少量

＊素麺は、全粒粉の三輪素麺を使用した。

1　素麺をゆでて、冷水にとって冷やし、水気を
　　とる。

2　イカをさっとゆでて、細切りにする。

3　緑オリーブは、種を除きみじん切りにする。
　　きゅうりオリーブソースの材料をすべて混ぜ
　　合わせる。

4　1と2を合わせて3で和え、器に盛る。ユズ
　　の表皮をすりおろして散らす。

＊イカはさっとゆでる程度にし、火を入れすぎない。鮮度がよければ
　生のまま使用してもよい。

c

さばときゅうりと
パスタのサラダ

青魚は、摂りたいと思いながら
なかなか摂れない食材のひとつ。
ここでは手軽なさばの水煮缶を使用して、
栄養バランスのいいサラダに。

（ 材料（作りやすい量） ）

ショートパスタ
　（通常通りゆでて冷水にとり、水気をきったもの＊）…100g
サバの水煮（缶詰＊）…58g
キュウリ…100g
ジャガイモ
　（蒸して皮をむき、粗くつぶしたもの）…40g
玉ネギ…20g
セロリ…15g
塩…適量
マヨネーズ…50g
フレンチドレッシング（p.200）…10g
ディル…適量

＊ショートパスタは、大きめのコンキリエを使用した。
＊サバの水煮は汁気を軽くきり、大きめにほぐしておく。

1　キュウリは一口大の乱切りにし、玉ネギは粗みじん
　　切りにする。セロリはスジがあればとり、小角切り
　　にする。それぞれ塩を少量ふっておく。

2　マヨネーズとフレンチドレッシングを混ぜ合わせる。

3　サバの水煮35g、パスタ、1、ジャガイモ、2を混
　　ぜ合わせる。

4　3を器に盛り、残りのサバの水煮（23g）を散らし
　　てのせ、ディルを散らす。

A いなだのタルタルとパスタのサラダ   **B** 紅くるり大根おろしときゅうりとパスタのサラダ

C ローストビーフとパプリカとパスタのサラダ　　　D 揚げなすとトマトとパスタのサラダ

A

B

いなだのタルタルと
パスタのサラダ

いなだを、生姜をきかせたドレッシングや
ハーブでさっぱりと食べさせる。
ディルを大葉に替えるのもよい。

材料（作りやすい量）

ショートパスタ	E.V.オリーブ油…15g
（通常通りゆでて冷水に	生姜（すりおろし）…少量
とり、水気をきったもの	塩…適量
＊）…100g	醤油…少量
イナダ（刺身用のサク）	シブレット（または
…70g	アサツキ）、ディル
シメジ…50g	…各少量
長ネギ（やわらかくゆでた	
もの）…80g	＊ショートパスタは、大きめの
白ワインビネガー…15g	コンキリエを使用した。

1　イナダを角切りにし、軽く塩をふる。

2　シメジは石づきを切り落として1本ずつに分
　け、ゆでる。ゆでた長ネギは粗みじん切りに
　する。

3　2と白ワインビネガー、E.V.オリーブ油、お
　ろし生姜を混ぜ合わせ、塩少量と醤油をひと
　たらしかけて味を調える。1のイナダと混ぜ
　合わせる。

4　パスタと3を交互に重ねるようにして、器に
　盛る。2cm長さほどに切ったシブレット、デ
　ィルを散らす。

紅くるり大根おろしと
きゅうりとパスタのサラダ

紅くるり大根の鮮やかな紅色を
アクセントに使った。
和の食卓にもなじみやすいパスタサラダ。

材料（作りやすい量）

ショートパスタ	塩…適量
（通常通りゆでて冷水に	生ワカメ…16g
とり、水気をきったもの	紅くるり大根
＊）…100g	（すりおろし）…20g
キュウリ…1本（80g）	カイワレ菜…適量
米酢…25g	
サラダ油…15g	＊ショートパスタは、大きめの
コンソメスープ…30g	コンキリエを使用した。

1　キュウリをすりおろし、米酢、サラダ油、コ
　ンソメスープ、塩と合わせる。

2　生ワカメは食べやすい大きさに切る。

3　パスタと1を交互に重ねるようにして、器に
　盛る。2のワカメとすりおろした紅くるり大
　根をのせ、カイワレ菜を散らす。

C

D

ローストビーフとパプリカと
パスタのサラダ

ローストビーフを3色のパプリカと合わせた、
カラフルなサラダ。
食欲をそそる色合いは、デリの大事な要素。

材料(作りやすい量)

ショートパスタ	赤玉ネギ…30g
(通常通りゆでて冷水に	フレンチドレッシング
とり、水気をきったもの	(p.200)…50〜60g
*)…100g	ニンニク(みじん切り)
ローストビーフ(p.155)	…少量
…80g	パプリカパウダー
パプリカ(赤)…50g	…適量
パプリカ(黄)…30g	イタリアンパセリ
パプリカ(緑)…30g	(粗く刻む)…適量
玉ネギ…30g	塩…適量

＊ショートパスタは、大きめのコンキリエを使用した。
＊パプリカの色の組み合わせは好みで。

1　パプリカはヘタと種をとり、縦細切りにする。
　　玉ネギと赤玉ネギは、パプリカと同じくらい
　　の幅のくし形に切り、それぞれ塩をふっておく。

2　ローストビーフは薄切りにし、1cm幅程度に
　　切る。

3　フレンチドレッシングに、ニンニクとパプリ
　　カパウダーを加えて混ぜ合わせる。

4　1、2、パスタ、3を混ぜ合わせる。器に盛
　　り、イタリアンパセリを散らす。

揚げなすとトマトと
パスタのサラダ

素揚げしたなすにトマトやバジルといった、
イタリア風の組み合わせ。

材料(作りやすい量)

ショートパスタ	玉ネギ(みじん切り)
(通常通りゆでて冷水に	…大さじ1
とり、水気をきったもの	ニンニク(すりおろし)
*)…100g	…1/2粒分
ナス(乱切り)…60g	バジルの葉(粗く刻む)
ズッキーニ(乱切り)	…適量
…40g	白ワインビネガー…14g
玉ネギ(くし形切り)	E.V.オリーブ油…20g
…25g	塩…適量
ミディトマト(小角切り)	揚げ油…適量
…50g	

＊ショートパスタは、大きめのコンキリエを使用した。

1　ナス、ズッキーニ、くし形切りの玉ネギは、
　　すべて素揚げする。油をきり、軽く塩をふる。

2　白ワインビネガーとE.V.オリーブ油を混ぜ合
　　わせる。

3　1とトマト、みじん切りの玉ネギ、おろしニ
　　ンニク、バジルの葉、2を混ぜ合わせ、塩で
　　味を調える。

4　パスタと3を交互に重ねるようにして、器に
　　盛る。

シンプルな野菜料理

シンプルに、野菜のおいしさが楽しめるデリ。
単独で野菜料理として食べても、
あるいは肉料理や魚料理と組み合わせてもいい。
火入れや味の加え加減に注意して、
それぞれの野菜の味や食感を生かしたい。

	B	C
A		
	D	

A グリーン野菜のバター蒸し

B 菜花とベーコンのソテー

C 春キャベツとあさりのブレゼ

D ベビーコーンのバター醤油

シンプルな野菜料理

A

B

グリーン野菜のバター蒸し

軽くバターの風味をからめた春野菜。
生ハムの塩分とうま味を加えることで、
甘みのある野菜がよりおいしく味わえる。

材料

A
好みのグリーン野菜(グリーンピース、ソラ豆、
　グリーンアスパラガス、スナップエンドウ、
　スティックブロッコリーなど)…各適量
新玉ネギ、新ジャガイモ、春ニンジン、
　セロリ…各適量
生ハム…適量
春ニンジンの葉…適量
無塩バター…適量(*)
塩…適量

*スナップエンドウやセロリは、スジがあればとり、セロリは食べや
すく切る。新ジャガイモ、春ニンジンは、皮つきのままでよい。
*バターの量は控えめがよい。

1　Aの野菜はそれぞれゆでて、水気をきる。

2　鍋に、適量の水(野菜を入れたときに、ひたひ
　たより少なめになるくらい)とバターを入れて
　沸かし、1の野菜を入れて、温めながら煮汁
　をからませる。野菜が温まったら、とり出し
　て器に盛る。

3　2の煮汁に生ハムをくぐらせて、2の野菜の
　上にのせる。ニンジンの葉も煮汁にくぐらせ
　てのせる。煮汁は塩で味を調え、全体にまわ
　しかける。

菜花とベーコンのソテー

菜花には、軽い塩味以外の味つけはせず、
ベーコンのうま味とバルサミコ酢で
たっぷり食べていただく。

材料

菜花…適量
ベーコン(棒状に切る)…適量
ニンニク(つぶす)…適量
塩、オリーブ油、バルサミコ酢…各適量

1　菜花を洗い、食べやすい大きさに切る。水気
　をきって塩をふり、さっと混ぜ合わせる。

2　フライパンにオリーブ油とニンニクを入れて
　弱火で加熱する。香りが立ったら1を入れ、
　強火で手早く炒める。菜花をとり出し、器に
　盛る。

3　ニンニクが入った2のフライパンにベーコン
　を入れ、カリッと焼く。

4　2の上に3をのせる。バルサミコ酢をまわし
　かける。

C

D

春キャベツとあさりのブレゼ

やわらかい春キャベツにあさりのうま味をプラス。
大きめに切り分けると見た目にも新鮮。

材料（作りやすい量）

春キャベツ… 1/2 個(＊)	E.V.オリーブ油…適量
チキンブイヨン(＊)	白ワインビネガー
…適量	…少量
ベーコン(2 ㎝幅程度に	イタリアンパセリ
切る)… 1/2 枚分	(粗みじん切り)…適量
アサリ…12 個ほど(＊)	塩、コショウ…各適量

＊キャベツは、上半分のやわらかいほうを使う。
＊チキンブイヨンは、薄めのものがよい。濃ければ水で薄めて使う。
＊アサリは、好みでもう少し増やしてもよい。

1 アサリは鍋に入れ、水を少量加えて蒸し煮し、殻から身をとり出す。蒸し汁もとりおく。

2 キャベツを4等分に切って別鍋に入れ、半分の高さより少なめにチキンブイヨンを注ぎ、ベーコンをのせる。蓋をして、弱火で蒸し煮する。

3 2からキャベツをとり出し、器に盛る。

4 キャベツをとり出したあとの鍋に、1の蒸し汁を加えて少し煮詰める。ボウルに移し、E.V.オリーブ油と白ワインビネガーを加え、塩、コショウで味を調える。

5 3のキャベツに1のアサリの身をのせ、4をかけ、イタリアンパセリを散らす。

ベビーコーンのバター醤油

5〜6月に出回る生のベビーコーンは、
季節を感じさせる野菜のひとつ。
ここでは素材を生かしつつ、
相性のいいバター醤油を合わせて
ユニークな仕立てに。

材料（1人分）

ベビーコーン(生。皮つき)… 4本
砂糖…20(〜30) g
醤油…10 gほど
無塩バター…30(〜40) g
アーモンド(スライス)…適量

1 ベビーコーンは皮つきのままグリルなどで焼く。

2 鍋に砂糖、醤油、バターを合わせて加熱し、少し煮詰めてキャラメル状にする。アーモンドを加える。

3 1のベビーコーンの皮をむいて器に盛り、2をかける。

	B	C
A		
	D	

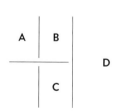
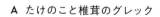

A たけのこと椎茸のグレック

B たけのことラルドのグレック

C こごみのマリネ

D 椎茸とうどの米粉フリッツと、
　紅くるり大根のおろしソース

A

B

たけのこと椎茸のグレック

たけのこと椎茸を合わせ、
赤ワインビネガーの酸味をきかせたグレックに。
箸休め的にも使える。

材料（作りやすい量）

ゆでタケノコ…300gほど
シイタケ（ごく小さいもの）…16個
赤ワインビネガー…適量
E.V.オリーブ油…適量（赤ワインビネガーと同量）
オリーブ油（ピュア）…適量
ニンニク（つぶす）…1粒
コリアンダー（粒）…適量
塩、コショウ…各適量

1　タケノコは食べやすい大きさに切り、シイタ
　　ケは石づきを切り落とす。

2　赤ワインビネガーとE.V.オリーブ油を同量ず
　　つ混ぜ合わせ、塩で味を調える。

3　鍋にオリーブ油とニンニクを入れて火にかけ
　　る。香りが立ったらシイタケを入れて加熱す
　　る。タケノコとコリアンダーを入れ、油をか
　　らめるようにしながら4〜5分加熱する。

4　鍋を火からおろして2を加え、塩、コショウ
　　で味を調える。粗熱がとれたら、冷蔵庫に1
　　日ほど入れておく。

たけのことラルドのグレック

こちらはよりスパイスをきかせ、
ラルドでコクを加えた。

材料（作りやすい量）

ゆでタケノコ…300gほど
ラルド（適宜に切る）…（30〜）40g
赤ワインビネガー…適量
E.V.オリーブ油…適量（赤ワインビネガーと同量）
チキンブイヨン…少量
生姜（スライス）…1枚
コリアンダー（粒）、白粒コショウ…各適量
塩、黒粒コショウ…各適量

1　タケノコは食べやすい大きさに切る。

2　赤ワインビネガーとE.V.オリーブ油を同量ず
　　つ鍋に入れ、少量のチキンブイヨン、生姜、
　　コリアンダー、白粒コショウを加えて加熱す
　　る。

3　2にタケノコとラルドを入れ、味をからめる
　　ようにしながら4〜5分加熱する。塩で味を
　　調え、黒コショウを挽きかけ、火からおろす。

4　粗熱がとれたら、冷蔵庫に1日ほど入れてお
　　く。

C

こごみのマリネ

和の山菜も、ワインビネガーと
オリーブ油を加えることで新しい味わいに。
シンプルな肉や魚料理に添えてもいい。

（ 材料 ）

こごみ…適量
白ワインビネガー…適量
E.V.オリーブ油…適量（白ワインビネガーと同量）
塩…適量
生姜（スライス）…1枚〜好みの量

1　こごみはよく洗い、ゆでる。水気をとる。

2　白ワインビネガーとE.V.オリーブ油を同量ず
　　つ混ぜ合わせ、塩で味を調える。

3　1のこごみと生姜を、2で和える（すぐに食
　　べても、2〜3日おいてから食べてもおいしい）。

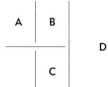

A	B	
		D
	C	

D

椎茸とうどの米粉フリッツと、
紅くるり大根のおろしソース

米粉をまぶしてカラリと揚げた野菜と椎茸。
塩だけでもおいしいが、ここでは、
中まで赤い「紅くるり大根」をすりおろして作る、
酸味のあるソースを添えた。

（ 材料（作りやすい量） ）

シイタケ（大）…2個
ウド（皮つき）…1/2本
長ネギ…1本
米粉、揚げ油…各適量
塩…適量
【紅くるり大根のおろしソース】
　紅くるり大根（すりおろし）…50g
　白ワインビネガー…10g
　和だし（＊）…25g
　塩…適量

＊和だしは、カツオ節と昆布のだしなど好みのものでよい。

1　シイタケは半分に切り、ウドは一口大の乱切
　　りにし、長ネギは、5cm長さほどに切る。す
　　べて米粉をまぶしてさっと揚げ、網にとり出
　　して油をきる。全体に軽く塩をふっておく。

2　紅くるり大根のおろしソースの材料を、混ぜ
　　合わせる。

3　1を器に盛り、2を添える。

	B	C
A		
	D	

A　揚げなすの赤ワインビネガー風味

B　パプリカのローストマリネ

C　なすとトマトのフォンデュ、
　　バルサミコ酢風味

D　トマトとあさりとセロリのブイヨン煮

A

B

揚げなすの
赤ワインビネガー風味

赤ワインビネガードレッシングに
さまざまな味と食感を加えたソースを、
素揚げしたなすにかけて。

材料 (作りやすい量)

長ナス … 3本
ニンニク(みじん切り) … 1粒分
玉ネギ(みじん切り) … 50g
パンチェッタ(みじん切り) … 5〜6g
オリーブ油 … 20g
赤ワインビネガードレッシング(*) … 30g
イタリアンパセリ … 適量
黒オリーブ … 3個／揚げ油 … 適量

*赤ワインビネガードレッシング：
　赤ワインビネガーとE.V.オリーブ油を1：1の比率で合わせ、
　塩、コショウで味を調える。

1　オリーブ油をひいたフライパンにニンニクと
　玉ネギを入れ、焦がさないように炒めて、パ
　ンチェッタを加え、火をとめる。赤ワインビ
　ネガードレッシングを加える。

2　イタリアンパセリは粗く刻み、黒オリーブは
　種をとってみじん切りにし、1に加えて混ぜ
　合わせ、ソースとする。

3　ナスを縦半分に切り(一口大に切り分けてもよ
　い)、素揚げする。油をきり、器に盛る。

4　3のナスが温かいうちに、2をかける。

パプリカのローストマリネ

カラフルなパプリカの形状をできるだけ生かし、
食べごたえのあるマリネに。

材料 (作りやすい量)

パプリカ(赤、黄、オレンジ、緑。大小あってよい*)
　　… 各1個(小は2個)
赤玉ネギ(縦半分〜1/4のくし形切り) … 1個分
ニンニク(皮つきのままつぶす) … 3〜4粒
コリアンダー(粒*) … 適量
塩、オリーブ油 … 各適量
イタリアンパセリ、ディル(*) … 各適量
赤ワインビネガー … 適量
生ハム … 1〜2枚

*大きいパプリカは、縦半分に切ってもよい。
*スパイスやハーブはこれらにかぎらず、好みのものを使うとよい。

1　パプリカ、赤玉ネギ、ニンニク、コリアンダー
　を、耐熱皿に入れて塩を少量ふり、オリー
　ブ油をたっぷりまわしかける。140℃ほどの
　オーブンで、30分前後かけてゆっくり火を
　入れる (野菜により火が通る時間が違うため、
　ようすを見ながら)。

2　マリネ液を作る。イタリアンパセリ、ディル
　を適当な大きさに刻み、赤ワインビネガー、
　塩と合わせる。1の焼き汁を加えて混ぜる。

3　1に2をかけ、粗熱がとれたら冷蔵庫で冷や
　す。器に盛り、生ハムを散らす。

C

D

なすとトマトのフォンデュ、バルサミコ酢風味

くたっと火を入れた野菜のおいしさを味わう。

材料（作りやすい量）

トマト(小さめ)…4〜5個	ルコラ…適量
ナス…2〜3本	オリーブ油、塩…各適量
生ハム…1枚	バルサミコ酢…適量
アンチョビ…1枚	E.V.オリーブ油…適量（バルサミコ酢と同量）

1　バルサミコ酢とE.V.オリーブ油を同量ずつ合わせ、塩で味を調える。

2　トマトは160℃のオーブンで加熱する。皮がはがれてきたら、皮をむく（湯むきでもよい）。

3　2をココット鍋に入れ、オリーブ油を適量加えて火にかける。油をからめながら、くたっとするまでゆっくり加熱し、塩で味を調える。

4　ナスは丸ごと160℃のオーブンで加熱する。竹串がスッと入るまで火が通ったら、皮をむく。ヘタを切り落とし、縦半分に切る。

5　4を別のココット鍋に入れ、オリーブ油を適量加えて火にかける。油をからめながら、やわらかくなるまで加熱し、塩で味を調える。

6　3と5を合わせて器に盛り、生ハム、アンチョビ、ルコラを添えて、1をかける。

トマトとあさりとセロリのブイヨン煮

あさりを使ってうま味を底上げ。

材料（作りやすい量）

トマト(加熱調理用)…3個(約180ｇ)	チキンブイヨン…適量
アサリ…12個ほど	E.V.オリーブ油…適量
セロリ…1本	赤ワインビネガー…少量
ニンニク(みじん切り)…少量	塩、オリーブ油…各適量

1　アサリは鍋に入れ、水を少量加えて蒸し煮し、殻から身をとり出す。蒸し汁もとりおく。

2　トマトを縦半分に切り、切り口に塩をふってニンニクを散らす。オリーブ油をかけ、(160〜)180℃のオーブンで12分ほど焼く。

3　セロリの茎はスジがあればとり、棒状に切る。葉は食べやすく切る。鍋にチキンブイヨンを沸かしてオリーブ油と塩を少量加え、セロリの茎を入れてさっと煮て、とり出す。

4　2のトマトと3のセロリの茎を器に盛る。

5　3の鍋に、1の蒸し汁を大さじ3〜4加えて少し煮詰める。E.V.オリーブ油を入れ、赤ワインビネガーを少量加え、塩で味を調える。

6　5に1のアサリの身とセロリの葉を入れて温め、4にかける。常温に冷ます。

	A		B	
C	D		E	

A かぼちゃとベーコンのチーズ焼き

B さつまいものレモン・ライム風味

C カリフラワーのピクルス

D カレー風味のカリフラワー

E 白菜の甘ピクルス

かぼちゃとベーコンの
チーズ焼き

チーズとアーモンドの組み合わせが、
かぼちゃによく合う。
さつまいもやじゃがいも、ブロッコリー、
カリフラワーなどで作ってもおいしい。

材料（作りやすい量）

カボチャ… 1/6個ほど
ベーコン（棒状に切る）… 20g
シュレッドチーズ（＊）… 適量
アーモンド（スライス）… 適量
オリーブ油… 適量

＊チーズは好みのものでよい。

1 カボチャは皮つきのまま蒸し、3等分ほどの
 くし形に切り分ける。

2 1とベーコンを耐熱の器に入れ、シュレッド
 チーズをたっぷりかけて、オリーブ油をまわ
 しかけ、200℃のオーブンで焼く。

3 チーズが少し溶けてきたらアーモンドを散ら
 し、表面が色づくまでさらに焼く。

さつまいもの
レモン・ライム風味

スイーツとして食べてもよし、
副菜や付け合わせにしてもよしの、
ちょうどいい甘さ。

材料（作りやすい量）

サツマイモ… 1本
レモンの塩・砂糖漬け(p.12)、
 ライムの塩・砂糖漬け（＊）… 各適量（汁も使用）
ハチミツ（好みで）… 適量

＊ライムの塩・砂糖漬け：
 p.12の「レモンの塩・砂糖漬け」同様にして、ライムで作ったもの。

1 サツマイモは皮つきのまま蒸し、一口大に切
 る。

2 レモンとライムの塩・砂糖漬けを、食べやす
 い大きさのいちょう切りにする。

3 2に、塩・砂糖漬けの汁も適量ずつ合わせ、
 1に加えて和える。器に盛り、好みでハチミ
 ツをまわしかける。

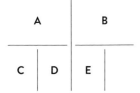

カリフラワーのピクルス

肉料理などの付け合わせに使える、シンプルなピクルス。
生のカリフラワーを漬けてもよい。

材料（作りやすい量）

カリフラワー…240g
塩…適量
【ピクルス液】※混ぜ合わせる。
　白ワインビネガー…40g
　水…40g／塩…2〜4g
　ニンニク…少量

1　カリフラワーは小房に分け、塩を加えた湯で
　　食感が残る程度にゆで、水気をきる。

2　1をピクルス液とともに真空用袋に入れて真
　　空にし、好みの漬かりぐあいになるまで冷蔵
　　庫で保存する。

カレー風味のカリフラワー

カリフラワーを炒めながら、カレー風味をまとわせる。
食感を残すように火を入れるのがポイント。

材料（作りやすい量）

カリフラワー…240g
玉ネギ（薄切り）…20g
オリーブ油…15g
ニンニク（つぶす）…少量
カレー粉、塩…各適量

1　カリフラワーを小房に分ける。

2　鍋にオリーブ油とニンニクを入れて火にかけ
　　る。香りが立ってきたら1を入れて炒める。
　　玉ネギを入れてさらに炒め、カレー粉をふり
　　入れて、全体にからめる。

3　カリフラワーに、食感が残る程度に火が入っ
　　たら、塩で味を調える。

白菜の甘ピクルス

少しの甘みと生姜の風味を加え、赤ワインビネガーでほんのりピンク色に。

材料（作りやすい量）

白菜（白い部分）…適量
塩…適量
【ピクルス液】※混ぜ合わせる。
　赤ワインビネガー…40g
　シロップ（＊）…20g
　生姜（薄切り）…少量

＊シロップは、砂糖と水を同量ずつ合わ
　せて煮溶かしたもの。
＊シロップや生姜の量は、好みにより増
　やしてもよい。

1　白菜は縦に細切りにして、
　　塩をふる。

2　1をピクルス液とともに
　　真空用袋に入れて真空に
　　し、好みの漬かりぐあい
　　になるまで冷蔵庫で保存
　　する。

エリンギと
マッシュルームのグレック

きのこを大きめに使い、
コリアンダーの風味とワインビネガーの酸味が
さわやかなグレックに。スパイスの量はお好みで。

材料 (作りやすい量)

エリンギ、マッシュルーム…計300ｇほど
ニンニク (つぶす)…3〜4粒
オリーブ油…適量
赤ワインビネガー…20ｇほど
タカノツメ、コリアンダー (粒)、白粒コショウ
　…各適量
塩…適量
イタリアンパセリ (5cmほどに切る)…適量

1　エリンギは、縦半分に切る。

2　鍋に多めのオリーブ油とニンニクを入れて火
　　にかける。香りが立ってきたら、1のエリン
　　ギとマッシュルーム、タカノツメ、コリアン
　　ダー、白粒コショウを入れて焼き、塩をふる。

3　きのこに焼き色がついたら、赤ワインビネガ
　　ーを加えて加熱する。塩で味を調え、火をと
　　めてイタリアンパセリを加える。粗熱がとれ
　　たら冷蔵庫で冷やす。

シンプルな野菜料理

A

B

エリンギのチーズパン粉焼き

しっかりとした食感と食べごたえのある
エリンギは、単独でも使いやすいきのこ。
ここではチーズパン粉をのせて焼き、
味と食感を加えた。大きめの椎茸で作ってもいい。

材料

エリンギ…適量
オリーブ油、塩…各少量
【チーズパン粉】
　生パン粉…適量
　シュレッドチーズ(＊)…適量
　パルミジャーノ・レッジャーノ・チーズ
　　(粉状にすりおろす)…適量
　玉ネギ(みじん切り)…適量
　ニンニク(みじん切り)…適量
　黒コショウ…適量
バルサミコ酢…少量

＊チーズは好みのものでよい。

1　エリンギは、縦に1cm厚さほどに切り分ける。
　　オリーブ油と塩を少量かけて、グリルで焼く。

2　チーズパン粉の材料を混ぜ合わせる。

3　1に2をのせて、オーブン(またはサラマン
　　ダー)で、焼き目がつくまで焼く。仕上げに
　　バルサミコ酢を少量たらす。

おいしいじゃがいもと
玉ねぎのロースト

蒸してから素揚げしたじゃがいもと、
じっくり火を入れた玉ねぎの組み合わせ。

材料(1人分)

ジャガイモ(小＊)…2〜3個／玉ネギ…1個
揚げ油、塩…各適量
【マヨネーズソース】※混ぜ合わせる。
　マヨネーズ…50g
　生クリーム…20g
　牛乳(必要なら)…適量
　ニンニク(すりおろし＊)…少量／塩…適量

＊ジャガイモは、ここではキタアカリを使用した。
＊ニンニクは、好みで入れなくてもよい。

1　ジャガイモは皮つきのまま蒸して、半分に切
　　る。高温の油でさっと素揚げする。塩をふる。

2　玉ネギは皮をむき、アルミホイルで包む。
　　(150〜)160℃のオーブンで1時間ほど焼き、
　　中まで火を通す。

3　1と2を器に盛り、マヨネーズソースをかける。

じゃがいもとれんこんのガレット

付け合わせにもできるが、好みのソースを添えて、
野菜料理として食べてもよい。

（材料）

ジャガイモ(メークイン)	玉ネギ…適量
…適量(*)	塩、コショウ…各適量
レンコン…適量(*)	白ゴマ…適量
マイタケ…適量(*)	サラダ油…適量

*比率は、ジャガイモ7：レンコン＋マイタケ3ぐらいのイメージ。

1 ジャガイモとレンコンは皮をむき、それぞれスライサーで縦に薄切りにしてから包丁でせん切りにする。レンコンは、水にさらした後水気をよくとる。

2 マイタケはせん切りにする。玉ネギは縦薄切りにする。

3 ボウルに1と2を入れ、塩、コショウをふり、ざっと混ぜ合わせる。

4 フライパンにサラダ油をひいて3を入れ、ヘラで平らに押しつけるようにして形を整えて焼く。

5 下の面にしっかり焼き色がついたら、フライパンより少し大きい皿などをかぶせてフライパンを裏返してとり出す。そのまますべらせてフライパンに戻し、反対側も焼く。

6 両面とも焼き色がついたら皿にとり出し、白ゴマをふる。4〜6等分に切り分ける。

食べ方のアイデア

マヨネーズに好みの量の生
青海苔を加えて混ぜ合わせ
た、「生海苔マヨネーズ」
を添えて。

A | B

C

新里ねぎとじゃがいも、鱈クリームソース

宇都宮特産の曲がりねぎ「新里ねぎ」を、たっぷり味わっていただく一品。

材料（作りやすい量）

長ネギ（新里ねぎ＊）…2本
ジャガイモ（蒸して皮をむく）…200g
生ダラ（切り身）…160g
玉ネギ（みじん切り）…1/4個分
ニンニク（みじん切り）…1粒分
白ワイン…40ml
生クリーム（乳脂肪分47%）…130g
シュレッドチーズ…130g
塩、黒コショウ、オリーブ油…各適量

＊新里ねぎ：栃木県宇都宮市新里町で栽培されている曲がりネギ。

1 長ネギは、白い部分と青い部分に切り分け、やわらかくなるまでゆでる。食べやすい長さ（5〜6cm）に切ったり、割いたりしておく。

2 蒸したジャガイモは粗く崩す。タラは皮と骨を除いて一口大に切り、軽く塩をふっておく。

3 厚手の鍋にオリーブ油を多めにひき、玉ネギとニンニクを入れて、焦がさないように炒める。2のタラを入れて炒める。

4 3に白ワインを加えてアルコールを飛ばす。生クリームを加えて弱火で加熱し、シュレッドチーズを加えて煮溶かす。塩、黒コショウで味を調えて、ソースとする。

5 器に2のジャガイモ、1の長ネギの白い部分、青い部分の順に重ね入れ、4をかける。

A　かぶとしらすのミルク煮

B　蒸しキャベツ、アンチョビオニオンソース

C　じゃがいもと鱈、きゅうりドレッシング

D　ブロッコリーとカリフラワーのクリームおじや

シンプルな野菜料理

A

かぶとしらすのミルク煮

かぶのやさしい味わいを
生かすミルク煮。

材料（作りやすい量）

カブ…6個	ベシャメルソース(p.90)
マッシュルーム	…100g
（縦薄切り）…80g	生クリーム…40g
カブの茎（1cm幅に切る）	シュレッドチーズ
…5〜6本分	…好みの量
レモン（スライス）…1枚	シラス…30g
牛乳…100g	塩…適量

1　カブは皮をむき、6等分のくし形に切る。鍋
　　に入れ、牛乳とレモンを加え、軽く塩をふっ
　　て煮る。

2　カブに火が入ったら、マッシュルームを入れ
　　て、火が通るまで煮る。

3　2にベシャメルソース、カブの茎、生クリー
　　ムを入れる。シュレッドチーズを入れて味を
　　調え、シラスを入れる。

B

蒸しキャベツ、
アンチョビオニオンソース

葉のしっかりとした冬キャベツは、
火を入れてたっぷり食べたい。

材料（作りやすい量）

キャベツ…1/2個
緑オリーブ…7個
アンチョビ…6枚
フレンチドレッシング(p.200)…適量

1　キャベツをやわらかく蒸し、食べやすい大き
　　さに切る。

2　緑オリーブは種をとり、包丁の腹などでつぶ
　　す。アンチョビは、食べやすい大きさに切る。

3　2とフレンチドレッシングを混ぜ合わせる。

4　1を器に並べ、3をかける。

A	B
C	D

C

D

じゃがいもと鱈、きゅうりドレッシング

野菜にも魚介にもよく合う、
きゅうりドレッシングが使いやすい。

材料（作りやすい量）

ジャガイモ（メークイン）…大1個
生ダラ（または甘塩タラ。切り身）…2枚
塩、白ワイン…各適量
きゅうりドレッシング（p.201）…適量
菊花…適量

1 ジャガイモは皮つきのまま蒸して、皮をむく。軽くつぶす。

2 タラは軽く塩をふり、白ワイン蒸しにする。皮と骨をとり除き、粗くほぐす。

3 器に1と2を盛り、きゅうりドレッシングをかける。菊花を散らす。

ブロッコリーとカリフラワーのクリームおじや

ヤシオマスの燻製で風味を加えた洋風おじや。

材料（作りやすい量）

ご飯…200g
ブロッコリー、カリフラワー（どちらもゆでたもの）
　…計60g
長ネギ（小口切り）…30g
ヤシオマスの燻製（薄切り＊）…好みの量
チキンブイヨン…60g
白ワイン…少量
生クリーム（乳脂肪分35％）…40g
無塩バター…30g（好みの量）
塩、レモン果汁…各少量
ユズの皮…少量

＊ヤシオマスの燻製の代わりに、普通のスモークサーモンを
　使ってもよい。

1 長ネギ、チキンブイヨン、白ワインを鍋に合わせて煮る。長ネギにだいたい火が通ったら、ご飯、ブロッコリー、カリフラワー、生クリームを加えて加熱する。

2 食べやすい大きさに切ったヤシオマスの燻製を加え、全体がなじんだらバターを加えて溶かす。塩とレモン果汁で味を調える。

3 器に盛り、ユズの表皮をすりおろしてかける。

076   Chapter 1

A 白菜とじゃがいもとベーコンの重ね焼き

B にんじんと玉ねぎのベーコン煮

C にんじんとほうれん草のクリーム煮

白菜とじゃがいもと
ベーコンの重ね焼き

白菜がおいしい季節に作りたい重ね焼き。
肉やベーコンのうま味を吸った白菜とじゃがいもが主役。

材料 (作りやすい量)

白菜 (ゆでたもの) … 8枚ほど (＊)
ジャガイモ (メークイン) … 大2個
豚肉 (薄切り) … 4～5枚
ベーコン (スライス) … 3～4枚
玉ネギ … 少量
ニンニク (みじん切り) … 少量
ローリエ … 1枚
チキンブイヨン … 適量
塩、コショウ、サラダ油 … 各適量

＊白菜はもう少し多くてもよい。

1 豚肉に軽く塩、コショウをしておく。

2 ジャガイモは皮をむき、5mm厚さ程度に切る。

3 玉ネギは縦に薄切りにし、サラダ油で軽く炒める。

4 ココット鍋や深さのある耐熱皿に白菜を適量敷き、
　1/3量ずつの2のジャガイモ、1の豚肉とベーコ
　ンを順に重ね、白菜をかぶせる。

5 ニンニクを少量散らし、また1/2量ずつのジャガイ
　モ、豚肉とベーコンを順に重ね、白菜をかぶせる。

6 さらに3の玉ネギ、残りのジャガイモ、豚肉とベー
　コンを順に重ね、白菜で蓋をするように覆う。ロー
　リエをのせる。

7 チキンブイヨンを少量注ぎ、アルミホイルをかぶせ、
　(160～)180℃のオーブンで、火が通るまで焼く。
　粗熱がとれたら切り分ける。

B

C

にんじんと玉ねぎのベーコン煮

煮込み料理の主役にはなりにくいにんじんだが、
ベーコンのうま味を加え、
スパイスで引き締めると、
主役にふさわしいバランスに。

材料（作りやすい量）

ニンジン…200g
玉ネギ…70g
ベーコン（ブロック）…60g
チキンブイヨン（または水）…60g
黒粒コショウ、ジュニパーベリー…各少量
砂糖…適量
塩…適量
クレソン…適量

1　ニンジンは皮をむき、一口大の乱切りにする。
　　玉ネギはくし形に切る。ベーコンは一口大に
　　切る。

2　鍋に1を入れ、ブイヨンをひたひたより少な
　　めに注ぎ、黒粒コショウ、ジュニパーベリー、
　　砂糖、塩を加え、水分を飛ばしながら煮る。

3　ニンジンと玉ネギに火が通ったら火をとめ、
　　熱いうちにクレソンを入れ、さっと混ぜ合わ
　　せる。

にんじんとほうれん草の
クリーム煮

野菜だけを組み合わせて
おいしい煮込みにするなら、クリーム煮が簡単。
バターや生クリームが、
にんじんのクセもやわらげてくれる。

材料（作りやすい量）

ニンジン…200g
ホウレン草…1杷
シイタケ…50g
無塩バター…適量
生クリーム…60〜100g
塩、砂糖、コショウ、サラダ油…各適量

1　ニンジンは皮をむき、棒状に切る。鍋に入れ、
　　ひたひたの水、塩、砂糖、バターを加え、や
　　わらかくなるまでじっくり煮る。

2　ホウレン草は洗い、水気をきる。軽く塩をま
　　ぶし、サラダ油をひいたフライパンでさっと
　　炒める。食べやすい長さに切る。

3　シイタケは、大きさにより2〜4等分に切る。

4　別鍋にバターを溶かし、3のシイタケを入れ
　　て炒める。1のニンジンと生クリームを入れ
　　て煮る。2のホウレン草も加え、塩、コショ
　　ウで味を調える。

ポテトサラダコロッケ A

しっかりと味のついた
一口サイズのコロッケは、
おつまみにもぴったり。
ポテトサラダはこれにかぎらず、
あるものを使うとよい。

材料（7～8個分）

ジャガイモ…250g
ニンジン…25g
キュウリ…25g
グリーンピース（冷凍）…15g
ホールコーン…15g
マヨネーズ…90ml
塩、コショウ…各適量
小麦粉、卵、パン粉、揚げ油…各適量

1 ポテトサラダを作る。ジャガイモは皮
　つきのまま蒸して皮をむき、粗くつぶ
　す。

2 ニンジンは皮をむいていちょう切りに
　し、ゆでて水気をきる。グリーンピー
　スもゆでて、水気をとる。キュウリは
　輪切りにし、軽く塩をふって少しおき、
　水気をとる。ホールコーンは水気をき
　る。

3 ボウルにマヨネーズと1と2を入れて
　和え、塩、コショウで味を調える（こ
　のままサラダとしても提供できる）。

4 3をゴルフボール大（60g前後）に丸め、
　小麦粉、とき卵、パン粉の順につけて、
　170℃の油で揚げる。

A　　　　　B　　　　　C　　　　　D　　　　　E

じゃがいもと
ほうれん草のコロッケ

牛挽き肉で、食感と動物性のうま味を加えた。

材料（7〜8個分）

ジャガイモ(蒸して皮をむき、　牛粗挽き肉…80g
　マッシャーでつぶした　　　塩、コショウ、
　もの)…300g　　　　　　　オリーブ油…各適量
玉ネギ(小)…1個　　　　　小麦粉、卵、パン粉、
ホウレン草…1/3把　　　　　揚げ油…各適量

1　玉ネギは皮をむき、アルミホイルで包んでオーブンで火が通るまで焼く。粗みじん切りにする。

2　ホウレン草はさっと洗って水気をきる。粗く切って塩をふり、オリーブ油を熱したフライパンに入れて、強火でさっと炒める。

3　牛粗挽き肉はフライパンで炒め、塩、コショウをふる。

4　1、2、3とつぶしたジャガイモを合わせる。

5　4をゴルフボール大（60g前後）に丸め、小麦粉、とき卵、パン粉の順につけて、170℃の油で揚げる。

かぼちゃのサラダコロッケ

クルミで、味と食感にアクセントを加えた。

材料（7〜8個分）

カボチャ…450〜500g　　　サラダ油、塩、コショウ
玉ネギ(薄切り)…少量　　　　…各適量
クルミ(砕く)…少量　　　　　小麦粉、卵、パン粉、
フレンチドレッシング　　　　揚げ油…各適量
　(p.200)…少量

1　カボチャは種をとって蒸す。皮を除き、粗くつぶす。

2　鍋にサラダ油を少量ひき、玉ネギを入れ、焦がさないようにゆっくり炒める。軽く塩をふる。

3　ボウルに1と2、フレンチドレッシング、クルミを入れて、混ぜ合わせる。塩、コショウで味を調える。

4　3をゴルフボール大（60g前後）に丸め、小麦粉、とき卵、パン粉の順につけて、170℃の油で揚げる。

さつまいものサラダコロッケ

p.26のさつまいものサラダをコロッケに。

材料（7〜8個分）

さつまいものサラダ(p.26＊)…420〜480g
小麦粉、卵、パン粉、揚げ油…各適量

＊さつまいものサラダは、蒸したサツマイモを粗くつぶして
p.26同様に作った、アサツキをふる前のもの。

1　さつまいものサラダをゴルフボール大（60g前後）に丸め、小麦粉、とき卵、パン粉の順につけて、170℃の油で揚げる。

じゃがいもと鱈のコロッケ

飴色に炒めた玉ねぎが、味にメリハリをつける。

材料（7〜8個分）

ジャガイモ(蒸して皮をむき、　ニンニク(みじん切り)
　マッシャーでつぶした　　　　…4粒分
　もの)…300g　　　　　　　生クリーム…40〜50g
甘塩タラ(切り身)　　　　　　オリーブ油、塩、
　…150g　　　　　　　　　黒コショウ…各適量
玉ネギ(みじん切り)　　　　　小麦粉、卵、パン粉、
　…1個分　　　　　　　　　揚げ油…各適量

1　フライパンにオリーブ油をひき、玉ネギを入れ、焦がさないようにゆっくり炒める。ニンニクを加えてさらに炒める。

2　1が飴色になったら、皮と骨を除いたタラをほぐし入れてさらに炒める。生クリームを加える。

3　つぶしたジャガイモを入れ、塩と黒コショウで味を調える。

4　3をゴルフボール大（60g前後）に丸め、小麦粉、とき卵、パン粉の順につけて、170℃の油で揚げる。

かぼちゃと
レーズンのコロッケ

かぼちゃに相性のいいレーズンを
加えて、甘みのあるコロッケに。
パンのみみが、いいつなぎになる。

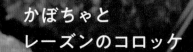

カボチャ…300g
玉ネギ…50g
レーズン(細かく刻む)…15g
パンのみみ(小さくちぎる)…適量
生クリーム…適量
無塩バター、塩…各適量
小麦粉、卵、パン粉…各適量
揚げ油…適量

1　カボチャは種をとって蒸す。皮
　　を除き、粗くつぶす。

2　玉ネギは縦薄切りにし、バター
　　を溶かしたフライパンに入れて、
　　飴色になるまで炒める。

3　1に2とレーズン、パンのみみ、
　　生クリームを加えて混ぜ合わせ、
　　楕円形に形を整える。小麦粉、
　　とき卵、パン粉の順につけて、
　　170℃の油で揚げる。

豆とにんじんの
コロッケ

つぶしたじゃがいもと
にんじんのグラッセをベースに、
ミックスビーンズを加え、
豆の食感がおいしいコロッケに。

材料（7～8個分）

ジャガイモ…200g
にんじんのグラッセ（＊）…80g
ミックスビーンズ
　（レトルトやゆでたもの）…60g
ツナ（オイル漬け缶詰）…50g
パンのみみ…適量
生クリーム…50g
塩…適量
小麦粉、卵、パン粉…各適量
揚げ油…適量

＊にんじんのグラッセ（分量は適量）：
　ニンジンは皮をむき、鍋に入れてひたひたの水、
　無塩バター、塩、好みの量の砂糖を加えてやわ
　らかくなるまで煮る。最後は水分を飛ばすよう
　に煮詰める。

1　ジャガイモを皮つきのまま蒸し
　　て、皮をむき、粗くつぶす。

2　ミックスビーンズは、軽くつぶ
　　す。にんじんのグラッセは、ミ
　　ックスビーンズより小さめにつ
　　ぶす。パンのみみは、分量の生
　　クリームに浸しておく。

3　1に2とツナを加えて混ぜ、必
　　要なら生クリーム（分量外）で
　　固さを調整する。塩で味を調え
　　る。

4　3を一口大に丸める。小麦粉、
　　とき卵、パン粉の順につけて、
　　170℃の油で揚げる。

雑穀コロッケ

チキンブイヨンで煮た雑穀を、
焼きコロッケに。
水分が多いと丸めにくいので、
リゾット状に煮ておくのがポイント。

材料（7〜8個分）

雑穀ミックス（レトルト）…300g
長ネギ（みじん切り）…50g
生姜（みじん切り）…少量
チキンブイヨン…適量
塩…適量
小麦粉、卵、パン粉（細かいもの）
　…各適量

1　鍋に長ネギと生姜を入れ、ブイ
　　ヨンをひたひたに加え、蓋をし
　　て煮る。

2　長ネギに火が通ったら、雑穀ミ
　　ックスを入れて煮る。リゾット
　　状に煮えたら、塩で味を調える。

3　2をピンポン玉大に丸め、小麦
　　粉、とき卵、パン粉の順につけ
　　て、180〜190℃のオーブンで、
　　焼き色がつくまで焼く。

Chapter 2

グラタン

デリのグラタンといえば、じゃがいも。
乳製品との相性のよさはもちろん、食べごたえの点からも、
グラタンむきの野菜といえる。
組み合わせる素材などで変化をつけ、バリエーションも作りやすい。

じゃがいもと椎茸のグラタン

シンプルなじゃがいものグラタンに、椎茸を加えたアレンジ。

材料（作りやすい量）

ジャガイモ（蒸して皮をむいたもの）
　…350g
シイタケ（薄切り）…50g
ニンニク（みじん切り）…少量
生クリーム…80g
牛乳…100g
グリュイエール・チーズ（シュレッド）
　…適量
無塩バター、塩、コショウ…各適量

1　蒸したジャガイモをマッシャーで軽くつぶす。

2　フライパンに少量のバターをひき、シイタケを入れて炒める。

3　生クリームと牛乳を鍋に合わせて温め、ニンニクを加える。軽く煮詰めたら、塩、コショウで味を調える。

4　グラタン皿などに 1 を敷き、2 をのせる。3 をまわしかけ、グリュイエール・チーズを全体に散らす。180℃のオーブンで焼き色がつくまで焼く。

A　じゃがいもと鱈のグラタン

B　ドフィノワ風じゃがいもとハムのグラタン

C　かぼちゃとじゃがいもとほうれん草のグラタン

じゃがいもと鱈のグラタン

別々に火入れしたじゃがいもと
鱈を合わせてグラタンに。

A

材料（作りやすい量）

ジャガイモ…200g
生ダラ（切り身）…2切れ
マッシュルーム…80g
玉ネギ…40g
ニンニク（みじん切り）…小1粒分
無塩バター…10g
白ワイン…60g
ベシャメルソース（下記）…100g

生クリーム…60g
シュレッドチーズ…10g
パルメザンチーズ（*）…適量
塩、コショウ…各適量

＊パルメザンチーズを、すりおろしたパ
ルミジャーノ・レッジャーノ・チーズ
にするとよりおいしい。

1　マッシュルームは縦半分（大きいものは4等分）に切る。玉ネギ
　　は、縦薄切りにする。

2　鍋にバターを溶かし、1とニンニクを入れて炒める。

3　タラは皮と骨をとり除き、塩とコショウをふる。2の鍋に入れ
　　て加熱し、白ワインを加える。タラに火が入ったら、鍋からと
　　り出す。

4　タラをとり出したあとの3の鍋に、ベシャメルソース、生クリ
　　ームを入れて、塩で味を調える。シュレッドチーズを加えて溶
　　かし、火をとめる。

5　ジャガイモを蒸して皮をむく。熱いうちに粗くつぶして、グラ
　　タン皿に敷き詰める。

6　5の上に3のタラをのせ、4のソースをかけ、好みの量のパル
　　メザンチーズをふり、180℃ほどのオーブンで、色づくまで焼く。

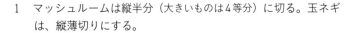

ベシャメルソース

材料（作りやすい量）

牛乳…250g
薄力粉（ふるったもの）…25g
無塩バター…25g

鍋にバターを溶かし、薄力粉
を入れて、まとまるまで弱火
で炒めた後、牛乳を少しずつ
加えて弱火で加熱する。とろ
みがついてクツクツしてきた
ら火をとめる。

B

C

ドフィノワ風
じゃがいもとハムのグラタン

ドフィノワは、フランスの伝統的な
じゃがいもグラタン。
フランスでは、メイン料理の
付け合わせに使われることが多い。

材料（作りやすい量）

ジャガイモ…250g
ハム…20g
ニンニク（みじん切り）…少量
生クリーム…50g
牛乳…50g
塩、コショウ…各適量
グリュイエール・チーズ…適量

1　ジャガイモは皮をむき、薄切りにしてグラタ
　　ン皿に並べる。ハムを小角切りにして、散ら
　　す。

2　生クリーム、牛乳、ニンニクを合わせて塩、
　　コショウで味を調える。

3　1に2をかけて、170℃前後のオーブンに入
　　れる。ほどよく火が入ったら、グリュイエー
　　ル・チーズをすりおろして全体にかけ、オー
　　ブンに戻して焼き色がつくまで焼く。

かぼちゃとじゃがいもと
ほうれん草のグラタン

かぼちゃをじゃがいもと合わせて使うことで、
ほどよい甘さに。

材料（作りやすい量）

カボチャ（蒸して皮を除いたもの）…280g
ジャガイモ（蒸して皮をむいたもの）…200g
ホウレン草…1/4把
牛乳…80g
生クリーム…40g
ブールマニエ（＊）…30g（好みの量でよい）
パルメザンチーズ（＊）…10g
オリーブ油、塩、コショウ…各適量

＊ブールマニエ：薄力粉と無塩バターを同量で練り合わせたもの。
＊パルメザンチーズを、すりおろしたパルミジャーノ・レッジャー
　ノ・チーズにするとよりおいしい。

1　ホウレン草をさっと洗い、軽く塩をふる。オ
　　リーブ油をひいたフライパンに入れ、強火で
　　さっと炒める。

2　グラタン皿に、食べやすい大きさに切った（ま
　　たは粗くつぶした）カボチャとジャガイモを
　　敷き詰め、1を散らしてのせる。

3　鍋で牛乳と生クリームを合わせて温め、ブー
　　ルマニエを溶かし込み、塩、コショウで味を
　　調える。2にまわしかけ、パルメザンチーズ
　　をふり、180℃のオーブンで焼き色がつくま
　　で焼く。

B　じゃがいも詰め鱈のグラタン

C　玉ねぎとパンのオーブン焼き

A

マッシュポテトとハムの
ココットグラタン

肉料理の付け合わせなどにも使いやすい、
マッシュポテトグラタン。
大きな耐熱皿に作り、とり分けてもよい。

材料（ココット5〜6個分）

マッシュポテト…300g
│ジャガイモ…適量
│牛乳、塩…各適量
ハム（小角切り）…30g
生クリーム…90g
ブールマニエ（＊）…7〜8g
グリュイエール・チーズ…20g
塩、コショウ…各適量

＊ブールマニエ：薄力粉と無塩バターを同量で練り合わせたもの。

1　マッシュポテトを作る。ジャガイモの皮をむいて一
　　口大に切る。水から入れてゆであげ、湯をすてる。
　　温かいうちにマッシャーでつぶし、牛乳を適量加え
　　てよく混ぜる。塩で薄めに味を調える。

2　1のマッシュポテト300gにハムを混ぜ合わせ、コ
　　コットに敷く（1個につき60g程度）。

3　鍋で生クリームを温めてブールマニエを加え、グリ
　　ュイエール・チーズを溶かし込む。塩、コショウで
　　味を調える。

4　2に3をかけ（1個につき15g程度）、170℃のオー
　　ブンで焼き色がつくまで焼く。

B

C

じゃがいも詰め鱈のグラタン

中をくり抜いたじゃがいもを、
器代わりに使った。
鱈をサーモンに替えて作ってもよい。

材料（6個分）

ジャガイモ（メークイン）… 3個
生ダラ（または甘塩タラ。切り身）…150g
玉ネギ（みじん切り）…300g
ニンニク（みじん切り）… 3粒分
シイタケ（みじん切り）… 1〜2個分
生ハム（みじん切り）… 1枚分
オリーブ油、塩、コショウ…各適量
グリュイエール・チーズ（シュレッド）…適量

1　ジャガイモはよく洗って蒸す。皮つきのまま
　　縦半分に切り、縁を1cm弱残して、中身を
　　くりぬく（くり抜いた中身もとりおく）。

2　鍋にオリーブ油を多めに入れて、玉ネギを入
　　れ、焦がさないように炒める。ニンニクを加
　　えてさらに炒める。

3　タラは皮と骨をとり、一口大に切って2に入
　　れ、ほぐすように炒める。シイタケを加えて
　　しっかり炒める。1でくり抜いたジャガイモ
　　の中身と生ハムを加えて混ぜ、塩、コショウ
　　で味を調える。

4　1のジャガイモに、3をたっぷり詰めてグリ
　　ュイエール・チーズをのせ、170〜180℃の
　　オーブンで焼き色がつくまで焼く。

玉ねぎとパンのオーブン焼き

オーブンでじっくり火を入れた
玉ねぎをたっぷり使い、
パンやチーズを合わせてオーブン焼きに。
パンを多めにすれば、1品で食事にもなる。

材料（作りやすい量）

玉ネギ… 1個
マッシュルーム… 3〜4個
パン（バゲットや食パン）…好みの量
ホウレン草…少量
シュレッドチーズ…好みの量
塩…適量
オリーブ油…適量
粗挽き黒コショウ…少量

1　玉ネギは皮をむき、塩を少量ふってアルミホ
　　イルで包み、160℃のオーブンで1時間弱焼
　　く。粗熱がとれたら、くし形に切る。

2　マッシュルームは縦に2〜4等分に切る。フ
　　ライパンに入れ、オリーブ油を少量加えてさ
　　っと炒める。塩で味を調える。

3　ホウレン草は洗い、軽く塩をふる。食べやす
　　い大きさに切り、オリーブ油を熱したフライ
　　パンに入れて、強火でさっと炒める。

4　耐熱の器に1、2、3、ちぎったパンを入れ、
　　チーズをたっぷりかける。180℃程度のオー
　　ブンで、チーズが溶けるまで焼く。仕上げに
　　粗挽き黒コショウをかける。

キッシュ

おいしいけれど、自分で作るのは少しめんどう。
あるいは、ホールでは多すぎるが1ピースは食べたい。
そんなニーズにこたえるのがデリショップのキッシュ。
どこのデリショップにもおいてある人気デリだけに、
少し個性を出したいところ。

A 長ねぎとじゃがいもとベーコンのキッシュ

B かぼちゃとじゃがいものキッシュ　　　　　　　C 大根と玉ねぎとかんぴょうキャラメリゼのキッシュ

A

長ねぎとじゃがいもと
ベーコンのキッシュ

玉ねぎの代わりに長ねぎをたっぷり使った。
長ねぎは、青い部分もおいしく使える。

材料 (直径24cmのキッシュ型1台分)

長ネギ(青い部分も含む)…180g
ジャガイモ(蒸して皮をむき、粗くつぶしたもの)…120g
ベーコン(小角切り)…20g
サラダ油、塩…各適量
練りパイ生地(右記)…適量
フラン液(右記)…適量
シュレッドチーズ(グリュイエール・チーズ*)…適量

*グリュイエール・チーズがなければ、手に入るチーズでよい。

1　長ネギを1cm幅ほどの斜め切りにする。サラ
　　ダ油をひいたフライパンに入れて、焦がさな
　　いように炒め、軽く塩をふる。

2　のばした練りパイ生地を型に敷き込み、冷蔵
　　庫で1時間ほどやすませる。冷蔵庫からとり
　　出し、フォークで全体に穴をあける。

3　2にジャガイモを敷き詰めて1をのせ、ベー
　　コンを散らす。フラン液を8〜9分目まで流
　　し入れ、チーズを散らす。

4　180(〜190)℃のオーブンで20(〜30)分ほ
　　ど焼く。温度を160℃に下げて、さらに15分
　　ほど焼き(焦げるようなら、途中でアルミホイ
　　ルをかぶせる)、オーブンからとり出す。

練りパイ生地

材料 (直径24cmのキッシュ型1台分)

薄力粉…125g
無塩バター(5mm角切り)…100g
塩…3g
(グラニュー糖…10g)
卵黄…1個

*グラニュー糖は、なくてもよい。

1　すべての材料をよく冷やしておく。

2　薄力粉をふるい、ボウルに入れる(ま
　　たは大理石の台にのせる)。

3　2に塩、(グラニュー糖、)バターを加
　　え、手でもみ合わせるように混ぜ、
　　粉状にする。

4　3の中央にくぼみを作って卵黄を入
　　れ、手早く合わせる(あまり練らない)。

5　4を平らな丸い形に整え、ラップフ
　　ィルムで包み、冷蔵庫で1時間以上
　　やすませる。

フラン液

材料 (作りやすい量)

卵…4個
牛乳…250g
生クリーム…250g
塩、コショウ…各適量

1　卵をボウルに入れ、泡立て器でとき
　　ほぐす。

2　1に牛乳を加えてよく混ぜ、生クリ
　　ームを加えてよく混ぜる。塩、コシ
　　ョウで味を調える。漉し器で漉す。

かぼちゃとじゃがいものキッシュ

蒸したかぼちゃとじゃがいもを
大きめに切って、存在感を出した。
じゃがいもとかぼちゃの比率はお好みで。

材料（直径24cmのキッシュ型1台分）

カボチャ（種をとり、皮つきのまま蒸したもの）…240g
ジャガイモ（メークイン。蒸して皮をむいたもの）…120g
玉ネギ…適量
サラダ油、塩…各適量
練りパイ生地(p.98)…適量
フラン液(p.98)…適量
シュレッドチーズ（グリュイエール・チーズ*）…適量

＊グリュイエール・チーズがなければ、手に入るチーズでよい。

1　玉ネギは縦薄切りにして、サラダ油をひいた
　　フライパンでしんなりするまで炒め、軽く塩
　　をふる。

2　カボチャとジャガイモは一口大に切り、それ
　　ぞれの1/3〜1/2量は、粗くつぶしておく。

3　のばした練りパイ生地を型に敷き込み、冷蔵
　　庫で1時間ほどやすませる。冷蔵庫からとり
　　出し、フォークで全体に穴をあける。

4　3に1の玉ネギを散らし、2のつぶしたジャ
　　ガイモを敷き詰め、一口大のカボチャとジャ
　　ガイモ、つぶしたカボチャを入れる。フラン
　　液を8〜9分目まで流し入れ、チーズを散ら
　　す。

5　180（〜190）℃のオーブンで20（〜30）分ほ
　　ど焼く。温度を160℃に下げて、さらに15分
　　ほど焼き（焦げるようなら、途中でアルミホイ
　　ルをかぶせる）、オーブンからとり出す。

大根と玉ねぎとかんぴょう
キャラメリゼのキッシュ

地元産のかんぴょうを使った、ユニークなキッシュ。

材料（直径24cmのキッシュ型1台分）

大根…300g
玉ネギ…80g
かんぴょう（戻したもの）
　…70g
サラダ油…適量
無塩バター…適量
砂糖…20〜30g
塩…少量
練りパイ生地(p.98)…適量
フラン液(p.98)…適量
シュレッドチーズ
（グリュイエール・チーズ*）
　…適量

＊グリュイエール・チーズがなければ、手に入るチーズでよい。

1　大根は皮をむき、5cm長さほどのくさび形に
　　切る。玉ネギは縦薄切りにする。かんぴょう
　　は、水気をよくとり、食べやすい長さに切る。

2　鍋にサラダ油をひき、1を入れて炒める。途
　　中で砂糖と塩を2〜3回に分けてふり入れ、
　　その都度しっかり炒める。途中で油が足りな
　　くなったらバターを加えて炒め、飴色になっ
　　たら、火からおろす。

3　のばした練りパイ生地を型に敷き込み、冷蔵
　　庫で1時間ほどやすませる。冷蔵庫からとり
　　出し、フォークで全体に穴をあける。

4　3に2を敷き詰める。フラン液を8〜9分目
　　まで流し入れ、チーズを散らす。

5　180（〜190）℃のオーブンで20（〜30）分ほ
　　ど焼く。温度を160℃に下げて、さらに15分
　　ほど焼き（焦げるようなら、途中でアルミホイ
　　ルをかぶせる）、オーブンからとり出す。

A じゃがいもと鱈とほうれん草のキッシュ

B れんこんと豆と長ねぎのキッシュ

テリーヌ

———

伝統的なテリーヌとは異なるが、テリーヌ型に詰めて四角く形作り、
切り分けて提供する料理を、ここではテリーヌとした。
切り口が美しく、ちょっとしたおもてなしやホームパーティーの
前菜としても喜ばれる。

すずきとズッキーニと雑穀のテリーヌ

A

B

じゃがいもと鱈とほうれん草のキッシュ

相性のいい素材の組み合わせ。
鱈をサーモンに替えてもよい。

材料（直径24cmのキッシュ型1台分）

ジャガイモ(蒸して皮をむき、つぶしたもの)…130g
甘塩タラ(切り身)…2切れ
ホウレン草(ゆでて刻んだもの)…70g
ベーコン(小角切り)…20g
白ワイン、オリーブ油…各適量
練りパイ生地(p.98)…適量
フラン液(p.98)…適量
シュレッドチーズ(グリュイエール・チーズ*)…適量

*グリュイエール・チーズがなければ、手に入るチーズでよい。

1 タラに少量の白ワインとオリーブ油をかけて蒸し煮する。火が通ったら皮と骨を除いて粗くほぐす。

2 のばした練りパイ生地を型に敷き込み、冷蔵庫で1時間ほどやすませる。冷蔵庫からとり出し、フォークで全体に穴をあける。

3 2にジャガイモ、1のタラ、ベーコン、ホウレン草を敷き詰める。フラン液を8〜9分目まで流し入れ、チーズを散らす。

4 180（〜190）℃のオーブンで20（〜30）分ほど焼く。温度を160℃に下げて、さらに15分ほど焼き（焦げるようなら、途中でアルミホイルをかぶせる）、オーブンからとり出す。

れんこんと豆と長ねぎのキッシュ

食感が楽しめるキッシュ。

材料（直径24cmのキッシュ型1台分）

ミックスビーンズ (ゆでたものやレトルト) …150g	練りパイ生地(p.98) …適量
レンコン…100g	フラン液(p.98)…適量
長ネギ…40g	シュレッドチーズ (グリュイエール・ チーズ*)…適量
ベーコン(小角切り)…20g	
チキンコンソメ(*)…適量	

*チキンコンソメは、市販のコンソメキューブを溶いたもの。
*グリュイエール・チーズがなければ、手に入るチーズでよい。

1 レンコンは皮をむき、1cm弱ほどの厚さの輪切りにし、チキンコンソメで煮て火を通す。小角切りにする。長ネギも、チキンコンソメでやわらかく煮て、細かく刻む。

2 のばした練りパイ生地を型に敷き込み、冷蔵庫で1時間ほどやすませる。冷蔵庫からとり出し、フォークで全体に穴をあける。

3 2に汁気をとった1のレンコン、ミックスビーンズ、1の長ネギ、ベーコンを敷き詰める。フラン液を8〜9分目まで流し入れ、チーズを散らす。

4 180（〜190）℃のオーブンで20（〜30）分ほど焼く。温度を160℃に下げて、さらに15分ほど焼き（焦げるようなら、途中でアルミホイルをかぶせる）、オーブンからとり出す。

すずきとズッキーニと 雑穀のテリーヌ

蒸したすずきと、ズッキーニ、パプリカ、
ゆでた雑穀と枝豆を層にしてテリーヌ仕立てに。
さっぱりとしたきゅうりのソースがよく合う。

材料 (テリーヌ型1本分)

スズキ(切り身)… 1切れ
ズッキーニ… 1/2本
パプリカ(黄)… 1/2個
豆と雑穀のミックス(レトルト＊)… 140g
ご飯… 60g
枝豆(ゆでてさやから出し、薄皮を除いたもの)… 適量
塩、オリーブ油… 各適量

＊レトルトの豆と雑穀のミックスは、「10種ミックス
(豆と穀物)」(サラダクラブ)を使用した。

1　スズキの身に軽く塩をふり、火が通るまで蒸す。皮
　　と骨を除く。

2　ズッキーニは蒸し、縦に5mm厚さほどに切る。パプ
　　リカは、縦2cm幅ほどに切る。ともに軽く塩をふり、
　　オリーブ油を少量まぶす。

3　豆と雑穀のミックスを電子レンジなどで軽く温め、
　　粗熱をとったご飯と枝豆を加えて混ぜ合わせる。

4　テリーヌ型の内側を、霧吹きで軽くしめらせる。型
　　からはみ出る大きさのラップフィルムを、型に敷き
　　込む。

5　4の底に、3を平らにきっちり敷き詰める。2のズ
　　ッキーニとパプリカ、1のスズキをバランスよく敷
　　き、その上にまた3をきっちり敷き詰める。

6　はみ出たラップフィルムでしっかり包み、冷蔵庫で
　　2〜3時間以上やすませる。
　　ラップごととり出し、適当
　　な厚さに切る。

※切るときは、よく切れる包丁を使
　い、刃をしめらせながらラップご
　と切るとよい。

食べ方のアイデア

皮ごとすりおろしたキュウリと
フレンチドレッシング(p.200)
を、好みの比率(1/3ほどをキ
ュウリにすると、素材感が出
る)で混ぜ合わせた「きゅうり
ソース」を添えて盛り付ける。

鰯となすとじゃがいものテリーヌ

常温でも、冷たくしても、温めてもおいしい。トマト系のソースがよく合う。

料料（テリーヌ型1本分）

ナス… 2〜3本
ジャガイモ（メークイン）… 3〜4個
玉ネギ… 1個
イワシ… 2〜3尾
塩、オリーブ油…各適量

1 ナスはヘタを切り落とし、縦に5mm厚さほど
　に切る。オリーブ油をひいたフライパンで両
　面を焼き、軽く塩をふる。

2 ジャガイモは皮つきのまま蒸して皮をむき、
　1cm幅程度に切る。

3 玉ネギは皮をむき、アルミホイルで包んで
　160℃のオーブンで、火が通るまで（1時間
　ほど）焼く。粗熱がとれたら、包丁でたたい
　て粗くつぶす。

4 イワシは三枚におろして軽く塩をふる。オリ
　ーブ油をひいたフライパンで両面を焼いて火
　を通す。

5 テリーヌ型の内側を、霧吹きで軽くしめらせ
　る。型からはみ出る大きさのラップフィルム
　を、型に敷き込む。

6 5の底と側面に、1のナスを隙間なく貼りつ
　ける。

7 6の中に、2のジャガイモ、4のイワシ、2
　のジャガイモ、3の玉ネギ、1のナスの順
　に重ね、さらにジャガイモ、イワシ、ジャガ
　イモと重ね、いちばん上にナスを敷き詰める。

8 はみ出たラップフィルムでしっかり包み、均
　等に重しをのせて冷
　蔵庫で2〜3時間以
　上やすませる。ラッ
　プごととり出し、適
　当な厚さに切る。

食べ方のアイデア

「トマトとパプリカのソース」（下記）を添えて盛り付ける。

トマトとパプリカのソース

料料

ミニトマト…適量
パプリカ（赤）…適量
オリーブ油、赤ワインビネガー、
　E.V.オリーブ油、塩…各適量
イタリアンパセリ…適量

1 ミニトマトはヘタをとり半分に切る。
　パプリカは5mm幅程度に切る。そ
　れぞれ軽く塩をふり、オリーブ油を
　まわしかけてオーブンで焼き、火を
　通す。

2 1を鍋に移し、トマトが崩れるまで
　加熱して（皮はとり除く）火をとめ、
　赤ワインビネガー、E.V.オリーブ油、
　塩で味を調える。イタリアンパセリ
　を粗く刻んで加え、混ぜ合わせる。

にんじんのグラッセと
玉ねぎのテリーヌ仕立て

テリーヌ型に、フラン液と野菜を合わせて
湯煎焼きに。
好みのソースやサラダを添えれば、
気の利いた前菜になる。

材料（テリーヌ型1本分）

【にんじんのグラッセ】
　ニンジン…1本
　無塩バター、塩、砂糖…各少量
玉ネギ…1個
食パン（白い部分）…適量
フラン液（右記）…適量
塩、サラダ油…各少量

1　にんじんのグラッセを作る。ニンジンは皮を
　　むき縦に四つ割に切る。鍋に入れ、ひたひた
　　の水、バター、塩、少量の砂糖を加え、紙で
　　落とし蓋をしてやわらかくなるまで煮る。最
　　後は水分を飛ばすように煮詰める。

2　玉ネギは皮をむき、塩を少量ふってアルミホ
　　イルで包み、160℃のオーブンで1時間弱焼
　　く。粗熱がとれたらくし形に切る。

3　テリーヌ型の内側に少量のサラダ油をぬり、
　　ちぎった食パンを敷き詰め、フラン液をひた
　　ひたに流し入れる。食パンとフラン液がなじ
　　んだら、2の玉ネギ、食パンと1のニンジン、
　　2の玉ネギ、食パンと1のニンジンの順に
　　敷き詰め、フラン液を注ぐ。さらに2の玉ネ
　　ギ、食パンの順に敷き詰め、残りのフラン液
　　を注ぐ。

4　3を天板にのせて、ま
　　わりに湯を張る。150
　　℃のオーブンで45分
　　ほど湯煎焼きする。粗
　　熱がとれたら、冷蔵庫
　　で冷やす。適当な厚さ
　　に切る。

フラン液

材料（作りやすい量）

卵…110g
グラニュー糖…60g
牛乳…125g
生クリーム（乳脂肪分35%）…125g

1　ボウルに卵とグラニュー糖を入れ、
　　泡立て器で混ぜ合わせる。

2　1に牛乳を加えて混ぜ、生クリーム
　　を入れて合わせる。漉し器で漉す。

食べ方のアイデア

グリーンサラダと、
「ほうれん草マヨ
ネーズ」（下記）を
添えて盛り付ける。

ほうれん草マヨネーズ

材料（作りやすい量）

マヨネーズ…大さじ2
フレンチドレッシング（p.200）…大さじ1
ホウレン草のピュレ（＊）…少量
牛乳…少量

＊ホウレン草のピュレ：ホウレン草を、塩を加えた
　湯でゆでて、氷水にとって冷やし、水気をきって、
　ミキサーで攪拌してピュレにしたもの。

マヨネーズとフレンチドレッシングを混
ぜ合わせ、ホウレン草のピュレを好みの
量加える。牛乳で濃度を調整する。

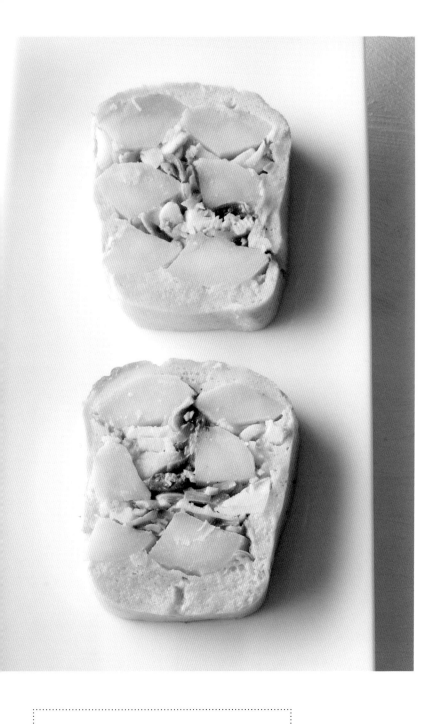

じゃがいもと鱈の
テリーヌ仕立て

作り方はp.107と同様。
こちらは鱈とじゃがいもを合わせ、
より食べごたえのある一品に。

材料（テリーヌ型1本分）

ジャガイモ（蒸して皮をむいたもの）
　…1〜2個
甘塩タラ（切り身）…1〜2切れ
白ワイン…適量
玉ネギ…1/8個
マッシュルーム…8個
ニンニク（みじん切り）…少量
オリーブ油、塩、サラダ油…各適量
食パン（白い部分）…適量
フラン液（p.107）…適量

1　玉ネギとマッシュルームは縦に
　　薄切りにする。

2　フライパンにオリーブ油を少量
　　ひき、1とニンニクを入れて炒
　　める。塩で味を調える。

3　タラに少量の白ワインとオリー
　　ブ油をかけて蒸し煮する。火が
　　通ったら皮と骨を除いておく。

4　ジャガイモは、一口大に切る。

5　テリーヌ型の内側に少量のサラ
　　ダ油をぬり、ちぎった食パンを
　　敷き詰め、フラン液をひたひた
　　に流し入れる。食パンとフラン
　　液がなじんだら4のジャガイ
　　モ、2、3のタラを、順に2回
　　重ねて敷き詰める。もう一度ジャ
　　ガイモをのせて、いちばん上
　　に食パンを敷き詰め、残りのフ
　　ラン液を注ぐ。

6　5を天板にのせて、まわりに湯
　　を張る。150℃のオーブンで45
　　分ほど湯煎焼きする。粗熱がと
　　れたら、冷蔵庫で冷やす。適当
　　な厚さに切る。

食べ方のアイデア

グリーンサラダと、「ほう
れん草マヨネーズ」（p.10
7）を添えて盛り付ける。

Chapter 3

野菜＋魚介

肉にくらべるとやや地味な印象になりがちな魚介を、
魅力的なデリに仕立てるなら、野菜の力を借りるのがいい。
味、食感などはもちろん、見た目のおいしさもアップする。

さんまのオイル焼きと
春菊のサラダ

バルサミコ酢のドレッシングで和えた
春菊をたっぷり添えて。
さんまのおいしさが引き立つ組み合わせ。
いわしでもおいしい。

材料（作りやすい量）

サンマ…2尾
長ネギ…1/2本
春菊（葉のついた部分）…好みの量
オリーブ油…適量
塩…適量
バルサミコ酢ドレッシング（＊）…適量

＊バルサミコ酢ドレッシング：
　バルサミコ酢とE.V.オリーブ油を1：1の比率で合わせ、
　塩、コショウで味を調える。

1　サンマは内臓と頭と尾をとる。3等
　　分のぶつ切りにし、フライパンに入
　　れてオリーブ油をかけ、両面を焼い
　　て中まで火を通す。塩をふる。

2　長ネギはやわらかくゆでて、食べや
　　すい長さに切る。

3　春菊は、切り分けたサンマと同じく
　　らいの長さに切り、バルサミコ酢ド
　　レッシングで和える。

4　1と2を器に盛り、3をのせる。

いわしのロール焼き、
新玉ねぎのコンフィ添え

玉ねぎやにんにく、アンチョビ、
オリーブ、ケッパーなどを合わせ、
ユズの塩・砂糖漬けで
アクセントを加えた。

材料（4個分）

イワシ（三枚におろした身）… 4枚（2尾分）
新玉ネギ… 1/2個
ニンニク… 1/2粒
アンチョビ… 5〜6枚
緑オリーブ… 8個
ケッパー… 大さじ1
イタリアンパセリ（みじん切り）…適量
ユズの塩・砂糖漬け（みじん切り＊）…少量
赤ワインビネガー…少量
オリーブ油、塩…各適量

＊ユズの塩・砂糖漬け：
　p.12の「レモンの塩・砂糖漬け」同様にして、ユ
　ズで作ったもの。代わりにレモンの塩・砂糖漬け
　を使ってもよい。

1　新玉ネギは、1cm幅のくし形に
　　切る。アンチョビはみじん切り
　　にする。緑オリーブは、種をと
　　って手で4等分ほどに割る。

2　厚手の鍋に1の新玉ネギとニン
　　ニクを入れ、かぶる程度のオリー
　　ブ油を注ぎ、80℃程度でゆっ
　　くり加熱する。玉ネギに火が
　　通ったら油からとり出す。

3　2の新玉ネギ、1のアンチョビ
　　と緑オリーブ、ケッパー、イタ
　　リアンパセリ、ユズの塩・砂糖
　　漬け、赤ワインビネガーと2の
　　オリーブ油少量を合わせて塩で
　　味を調える。

4　イワシをふんわり巻いて楊枝で
　　とめる。軽く塩をふり、180℃
　　のオーブンで5分ほど焼く。

5　4のイワシの楊枝を抜いて、器
　　に並べ、3をのせる。

野菜＋魚介

A 鱈と椎茸と、春菊のリゾット

B さばのポワレとトマトのコンフィ

C 鱈とあさりのスープ煮

A

鱈と椎茸と、春菊のリゾット

春菊のリゾットが付け合わせ代わり。
鱈の食べ方の提案としてもおもしろい。

材料 (作りやすい量)

生ダラ(切り身) ⋯ 2切れ(230g)
シイタケ(小さめ) ⋯ 8個
ご飯(硬めに炊いたもの) ⋯ 250g
春菊の葉(みじん切り) ⋯ 少量
生クリーム ⋯ 50g
パルメザンチーズ(＊) ⋯ 8g
無塩バター ⋯ 適量
塩 ⋯ 適量
オリーブ油 ⋯ 適量
レモン(スライス) ⋯ 1枚(半分に切る)

＊パルメザンチーズを、すりおろしたパルミジャーノ・レッジャーノ・チーズ
　にするとよりおいしい。

1　ご飯は、空気にさらして水分を飛ばしておく。

2　鍋にバターを溶かし、1のご飯を入れる。バターを
　　からめながら加熱し、塩を少量ふる。生クリームを
　　加えてさっと混ぜ合わせる。パルメザンチーズと春
　　菊の葉も加えて混ぜ合わせる。

3　シイタケをオリーブ油でソテーする。

4　皮つきのタラ全体にオリーブ油をかけ、レモンをの
　　せ、250℃のオーブンで10分ほど焼いて、皮をパリ
　　ッとさせる。一口大に切る。

5　器に2を敷き、上に3と4をバランスよく盛り付け
　　る。

B

C

さばのポワレとトマトのコンフィ

コリアンダーの風味を加えたトマトのコンフィが、
さばをさらにおいしく感じさせる。

材料 (作りやすい量)

サバ(切り身)…4切れ
ミニトマト(赤、黄など*)…適量
新玉ネギ(みじん切り*)…1/4個分
コリアンダー(粒)…少量
四川唐辛子(朝天唐辛子*)…適量
セリの葉…少量
オリーブ油、白ワイン、塩、黒コショウ…各適量

*トマトは糖度が高いものがよい。
*朝天唐辛子の代わりにタカノツメを使用してもよい。
*新玉ネギの代わりに普通の玉ネギを使用してもよい。その場合は、
 薄切りにしたものを、ミニトマトと一緒にオーブンで焼いて使う。

1 サバに軽く塩をふる。オリーブ油を熱したフ
  ライパンに入れ、両面を焼いて火を通す。

2 ミニトマトは縦半分に切る。厚手の鍋に入れ、
  全体が浸る程度のオリーブ油と少量の白ワイ
  ンを注ぎ、新玉ネギ、コリアンダー、四川唐
  辛子を加え、190℃のオーブンで10分ほど加
  熱する。

3 2の鍋をオーブンからとり出し、適当な大き
  さに摘んだセリの葉を加えて全体を混ぜ合わ
  せる。塩、黒コショウで味を調える。

4 器に3を敷き、1のサバをのせる。

鱈とあさりのスープ煮

スペイン風の軽い煮込み。鱈とあさりに加え、
じゃがいもやねぎの味が溶け込んだ煮汁が
おいしく、スープ感覚で食べられる。

材料 (作りやすい量)

生ダラ(または甘塩タラ。皮と骨を除いた切り身)
  …100g(1切れ)
ニンニク(皮つきのままつぶす)…2粒
アサリ(砂抜きしたもの)…10個ほど
ジャガイモ(蒸して皮をむき、つぶしたもの)…1個分
長ネギ…30g
パセリ(粗みじん切り)…適量
オリーブ油…15g
白ワイン…60g
塩、E.V.オリーブ油…各適量

1 鍋にオリーブ油とニンニクを入れて熱し、香
  りが立ってきたらタラを入れ、白ワインを加
  えて加熱する。

2 アサリは別鍋に入れ、白ワイン(分量外)を
  ふりかけて、殻があくまで蒸し煮する(身を
  殻からはずしてもよい)。

3 長ネギはやわらかくゆでて、粗熱をとり、粗
  みじん切りにする。

4 1の鍋に2のアサリと蒸し汁、ジャガイモ、
  3の長ネギ、パセリを入れて加熱する。塩で
  味を調え、E.V.オリーブ油をまわしかける。

	A	C	D
	B	E	

A さわらの燻製、じゃがいも添え

B ぶりのポワレ、きゅうりドレッシング

C 鱈といかのきゅうりおろしソース

D たことほうれん草のライム風味

E マッシュルームとえびのオイル煮

A

B

さわらの燻製、じゃがいも添え

燻製の風味とじゃがいもは、
とても相性のいい組み合わせ。
ビネガーの酸味もよく合う。

（ 材料 (作りやすい量) ）

サワラ(刺身用サク)…1本
ジャガイモ(蒸して皮をむいたもの)…1個
シイタケ(大)…1個
白ワインビネガー…大さじ3
E.V.オリーブ油…大さじ3
塩、コショウ…各適量
ディル…適量

＊魚はサワラにかぎらず、好みのものでよい。
＊スモークウッドは桜を使用したが、好みのものでよい。

1 さわらの燻製を作る。サワラに軽く塩をふり、
  10分ほどおいておく。出てきた水気をとる。

2 中華鍋などにスモークウッドを敷く。バーナ
  ーで着火し、ウッドに当たらないように上に
  網をおき、1のサワラをのせる。好みの燻し
  ぐあいになったら、サワラをとり出す。

3 シイタケは裏返し、傘の内側に塩を少量ふっ
  てグリルで焼く。粗熱がとれたら粗みじん切
  りにする。

4 3と白ワインビネガー、E.V.オリーブ油を混
  ぜ合わせ、塩、コショウで味を調える。

5 蒸したジャガイモを、1cm厚さに切って器に
  並べる。2を1cm厚さのそぎ切りにしての
  せる。4をかけ、ディルを散らす。

ぶりのポワレ、
きゅうりドレッシング

脂がのったぶりも、
きゅうりドレッシングを合わせることで、
さっぱりと食べられる。

（ 材料 ）

ブリ(刺身用サク)…適量
塩、オリーブ油…各適量
きゅうりドレッシング(p.201)…適量
アマランサス…適量

1 ブリに軽く塩をふる。

2 フライパンにオリーブ油を少量ひき、1のブ
  リを入れて片面だけ軽く焼く。

3 2を好みの幅に切って器に並べ、きゅうりド
  レッシングをかけ、アマランサスを散らす。

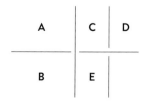

	A		C	D
	B		E	

鱈といかの
きゅうりおろしソース

おろしきゅうりと玉ねぎがビネガーや
オイルを含み、からみやすいソースになる。

材料（作りやすい量）

イカ（胴）…1〜2ハイ
甘塩タラ（切り身）…1枚
レモンの塩・砂糖漬け
　（p.12）…1〜2枚
玉ネギ（すりおろし）…30g
キュウリ（すりおろし）
　…60g
イタリアンパセリ
　（粗みじん切り）…少量
白ワインビネガー
　…30g
E.V.オリーブ油…30g
白ワイン、塩、コショウ
　…各適量

1　イカは皮をむき、食べやすい大きさに切る。

2　1のイカとタラに塩を少量ふって、鍋に入れ、白
　　ワインを少量ふって蒸し煮する。火が通ったら、
　　火からおろしてそのまま粗熱をとる。タラは皮と
　　骨をとり除く。

3　レモンの塩・砂糖漬けはみじん切りにする。

4　すりおろした玉ネギとキュウリに、3、イタリア
　　ンパセリ、白ワインビネガー、E.V.オリーブ油を
　　加えて合わせ、塩、コショウで味を調える。

5　2と4を合わせて冷蔵庫で冷やす。

たことほうれん草の
ライム風味

赤いたこが、ほうれん草やイタリアンパセリの
緑に映える。ライムの香りがさわやか。

材料（作りやすい量）

タコ（ゆでたもの）…180g
ベーコン（小角切り）…20g
玉ネギ（みじん切り）…20g
ホウレン草…1/2把
イタリアンパセリ（粗みじん切り）…適量
ライム果汁…適量
ライム（薄切り）…適量
塩、オリーブ油…各適量
粗挽き黒コショウ…少量

1　ゆでダコは食べやすい大きさに切る。

2　フライパンにオリーブ油をひき、ベーコンと玉ネ
　　ギをさっと炒める。塩と粗挽き黒コショウをふり、
　　フライパンからとり出しておく。

3　ホウレン草は洗って塩をふり、オリーブ油をひい
　　たフライパンに入れ、強火でさっと炒める。

4　2、3と1のタコ、イタリアンパセリを合わせ、
　　ライム果汁を加える。器に盛り、ライムをのせる。

マッシュルームとえびのオイル煮

丸い形が特徴の四川唐辛子、
「朝天唐辛子」を風味づけに使ったオイル煮。
熱々にして食べるのがおいしい。

材料（作りやすい量）

マッシュルーム…120g
むきエビ（8g程度のもの）…約20本
四川唐辛子（朝天唐辛子）…5個
塩、サラダ油…各適量

1　厚手の鍋にマッシュルーム、四川唐辛子を入れ、かぶる程度の
　　サラダ油を注ぎ、塩をふる。中火でじっくり加熱する。

2　途中でエビを加え、全体に火が通るまで加熱する。

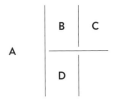

A 新里ねぎとムール貝

B ムール貝のパプリカソース

C 牡蠣のパプリカソース

D 帆立のポワレ、生姜風味の
　ねぎマヨネーズ

新里ねぎとムール貝

宇都宮産の曲がりねぎを、
じゃがいもとともにムール貝に合わせた。

材料 (作りやすい量)

長ネギ(新里ねぎ＊)…1/2本
ジャガイモ(蒸して皮をむいたもの)…大1/2個
ムール貝(殻つき)…7個
白ワイン…少量
【赤ワインビネガーソース】
　赤ワインビネガー…15g
　マスタード…10g
　ニンニク(細かいみじん切り)…少量
　サラダ油…100g
　玉ネギ(細かいみじん切り)…15g
　塩…適量

＊新里ねぎ：栃木県宇都宮市新里町で栽培されている曲がりネギ。

1　長ネギはやわらかくゆでて、食べやすい長さ
　　に切る。蒸したジャガイモは、食べやすい大
　　きさに手で割る。

2　ムール貝は鍋に入れ、白ワインと水を少量加
　　えて蒸し煮する。殻があいたら身をとり出す。
　　蒸し汁もとりおく。

3　赤ワインビネガーソースの材料を、泡立て器
　　で混ぜ合わせる。ムール貝の蒸し汁を加える。

4　1の長ネギとジャガイモ、2のムール貝の身
　　を器に盛り、3を適量かける。

ムール貝のパプリカソース

貝と相性のいい野菜を、白ワイン蒸しの
ムール貝と合わせた。温めてもよいが、
常温または冷製で食べてもおいしい。

材料 (作りやすい量)

ムール貝(むき身＊)…10個ほど　　イタリアンパセリ
パプリカ(赤、黄)…各1/2個　　　　(適宜に摘んだ葉)…少量
新玉ネギ…1/4個　　　　　　　　　オリーブ油…適量
ミディトマト…3〜4個　　　　　　白ワイン…適量
ニンニク(みじん切り)…1/4粒分　　赤ワインビネガー…少量
緑オリーブ…適量　　　　　　　　　塩、コショウ…各適量

＊冷凍のムール貝を使用する場合は、そのまま使う。

1　パプリカはヘタと種をとり、1.5cm角ほどに
　　切る。新玉ネギは、1cm角ほどに切る。

2　トマトは縦半分に切り、耐熱皿にのせ、塩を
　　ふってオリーブ油をまわしかける。1とニン
　　ニクも加え、160℃のオーブンで8分ほど焼
　　く。火が入ったら、そのまま冷ましておく。

3　鍋に白ワインを適量(ムール貝がひたひたに浸
　　かるくらい)入れて火にかけ、アルコールを
　　飛ばす。ムール貝の身を入れて、軽く火を通
　　し、鍋からとり出す。煮汁は少し煮詰めてお
　　く。

4　2に緑オリーブ、イタリアンパセリを加え、
　　コショウ、赤ワインビネガー、3の煮汁少量
　　を加えて味を調える。3のムール貝の身と合
　　わせて器に盛る。

C

D

牡蠣のパプリカソース

p.122 **B** のムール貝を牡蠣に替えて。
こちらはコリアンダーの風味をきかせている。

材料（作りやすい量）

牡蠣(加熱調理用むき身)…10個ほど
パプリカ(赤、黄)…各1/2個
新玉ネギ…1/4個
ミディトマト…3〜4個
ニンニク(みじん切り)…1/4粒分
コリアンダー(粒)…少量
緑オリーブ…2〜3個
イタリアンパセリ(適宜に摘んだ葉)…少量
オリーブ油、白ワイン、塩、コショウ…各適量
赤ワインビネガー…少量

1　牡蠣は低温で軽くゆでて、水気をきる。

2　パプリカはヘタと種をとり、1.5cm角ほどに
　　切る。新玉ネギは、1cm角ほどに切る。

3　トマトは縦半分に切り、耐熱皿にのせ、塩を
　　ふってオリーブ油をまわしかける。2とニン
　　ニク、コリアンダーも加えて、160℃のオー
　　ブンで8分ほど焼く。火が入ったら、そのま
　　ま冷ましておく。

4　3に緑オリーブ、イタリアンパセリ、コショ
　　ウ、赤ワインビネガー少量を加えて味を調え
　　る。1の牡蠣と合わせて器に盛る。

帆立のポワレ、
生姜風味のねぎマヨネーズ

シンプルな帆立のポワレは、合わせる野菜や
ソースしだいでさまざまな仕立て方ができる。
ここでは、生姜をきかせた
ねぎマヨネーズソースを合わせて。

材料（作りやすい量）

ホタテ貝柱…5個
オリーブ油、塩…各適量
ねぎマヨネーズ(p.18)…140g
フレンチドレッシング(p.200)…20g
生姜(すりおろし)…適量

1　ホタテ貝柱に軽く塩をふる。オリーブ油を少
　　量ひいたフライパンに入れ、さっと焼く。

2　ねぎマヨネーズ、フレンチドレッシング、お
　　ろし生姜を混ぜ合わせる。

3　1を器に盛り、2をかける。

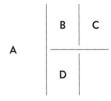

B | C
A
D

野菜＋肉・卵

肉料理のおいしさは、野菜しだい。
相性のいい組み合わせを自分で探していただくのもいいが、
はじめから組み合わせてあれば、迷うこともない。
肉をよりおいしく味わう、食べ方の提案。

A 鶏胸肉のティエド、きゅうりとセロリのサラダ添え

B 鶏胸肉のティエド、うどと椎茸のサラダ添え

C 鶏胸肉、蜂蜜マヨネーズ

野菜＋肉・卵

125

鶏胸肉のティエド、
きゅうりとセロリのサラダ添え

低温調理でやわらかく火を入れた
鶏胸肉のおいしさを引き立てるのは、
さわやかで、歯ざわりのいい野菜の組み合わせ。

材料（作りやすい量）

鶏胸肉…1枚
キュウリ…70g
セロリ（葉も含む）…30g
玉ネギ（すりおろし）…40g
E.V.オリーブ油…40g
白ワインビネガー…20g
塩、白コショウ…各適量

1　鶏胸肉は皮をとり除き、全体に塩をふり、真
　　空用袋に入れて真空にする。54℃の湯に1時
　　間ほど入れて加熱する。

2　キュウリとスジをとったセロリを小角切りに
　　し、それぞれ塩をふる。

3　すりおろし玉ネギ、E.V.オリーブ油、白ワ
　　インビネガーをボウルで混ぜ合わせる。2を加
　　えてさっと合わせ、塩、白コショウで味を調
　　える。

4　1の鶏肉をそぎ切りにして器に盛り、3をか
　　ける。

鶏胸肉のティエド、
うどと椎茸のサラダ添え

鶏胸肉は、左記と同じ方法で火入れしたもの。
合わせる野菜を変えるだけで、違う味わいに。

材料（作りやすい量）

鶏胸肉…1枚　　　　ベーコン…6g
ウド…40g　　　　　オリーブ油（ピュア）…30g
玉ネギ…30g　　　　白ワインビネガー…20g
シイタケ…30g　　　塩、サラダ油…各適量
クルミ（オーブンでカリッと焼いておく）…少量
パルミジャーノ・レッジャーノ・チーズ…適量

1　鶏胸肉は皮をとり除き、全体に塩をふり、真
　　空用袋に入れて真空にする。54℃の湯に1時
　　間ほど入れて加熱する。

2　ウドとベーコンは小角切りにし、玉ネギはみ
　　じん切りにする。

3　フライパンに薄くサラダ油をひき、軸をとっ
　　たシイタケを、裏返して入れる。傘の内側に
　　塩を少量ふり、水分がにじんでくるまでじっ
　　くり焼いてとり出す。粗熱がとれたら細かく
　　刻む。

4　オリーブ油と白ワインビネガーをボウルで混
　　ぜ合わせ、2と3を入れてさっと合わせる。
　　塩で味を調える。

5　1の鶏肉をそぎ切りにして器に盛り、4をか
　　ける。砕いたクルミを散らし、パルミジャー
　　ノ・レッジャーノ・チーズをおろしかける。

c

鶏胸肉、蜂蜜マヨネーズ

蜂蜜の甘みをほんのりきかせたマヨネーズを、
ゆでた枝豆やシャリッとした野菜とともにのせた。
淡白な鶏胸肉だからこその組み合わせ。

（材料（作りやすい量））

鶏胸肉…1枚
キュウリ…15g
セロリ…15g
玉ネギ…1〜2g
枝豆（ゆでたもの）…20粒ほど
蜂蜜マヨネーズ（右記）…35g
アサツキ（小口切り）…少量
塩…適量
レモン果汁…少量

1　鶏胸肉は皮をとり除き、全体に塩をふる。54
　　℃のオーブンで火が通るまで焼く。

2　キュウリとスジをとったセロリは小角切りに
　　し、玉ネギはみじん切りにして、それぞれ塩
　　とレモン果汁少量をまぶしておく。ゆでた枝
　　豆はさやから出し、薄皮をむく。

3　1の鶏肉をそぎ切りにして器に盛り、蜂蜜マ
　　ヨネーズをかけ、2をのせる。アサツキを散
　　らす。

蜂蜜マヨネーズ

（材料（作りやすい量））

卵黄…1個
白ワインビネガー…10g弱
オリーブ油…180g
生クリーム…10g
ハチミツ…10（〜15）g
牛乳（必要なら）…適量
塩、コショウ…各適量

1　ボウルに卵黄、白ワインビネ
　　ガー、塩を入れて泡立て器で
　　よくかき混ぜ、オリーブ油を
　　少しずつ加えながらさらにか
　　き混ぜる。

2　生クリーム、ハチミツを加え
　　てさらによく混ぜ合わせる。
　　塩、コショウで味を調える（か
　　たい場合は牛乳でのばす）。

A 鶏胸肉とうど、生海苔マヨネーズ

B 鶏胸肉とグリーン野菜の蜂蜜マヨネーズ風味

C ローストチキンとホワイトアスパラガスの
　レモンバター風味

D 鶏胸肉のカレーローストと揚げなす

野菜＋肉・卵

鶏胸肉とうど、
生海苔マヨネーズ

焼き目をつけたうどが、
味と食感のアクセントになる。

> #### 材料（作りやすい量）

鶏胸肉…1枚　　　　塩…適量
ウド…1/2本　　　生海苔マヨネーズ（下記）…適量

1　鶏胸肉は皮をとり除き、全体に塩をふり、真
　　空用袋に入れて真空にする。54℃の湯に1時
　　間ほど入れて加熱する。

2　ウドは皮をむき、グリルで焼く。

3　1の鶏肉を食べやすい大きさのそぎ切りにし
　　て器に盛り、生海苔マヨネーズをかける。2
　　のウドを、適宜に切り分けて添える。

生海苔マヨネーズ

> #### 材料（作りやすい量）

マヨネーズ…40g
レモン果汁…5g
フレンチドレッシング（p.200）…10g
生海苔…10g

材料を混ぜ合わせる。かたい場合は
水で濃度を調整する。

鶏胸肉とグリーン野菜の
蜂蜜マヨネーズ風味

グリーンの濃淡が美しい春の豆や野菜を
鶏胸肉と合わせ、蜂蜜の甘みを加えた
マヨネーズソースで和えた。

> #### 材料（作りやすい量）

鶏胸肉（左記の作り方1と同様に低温調理したもの）…60g
A
　ブロッコリー（小房に分ける）…20g
　ソラ豆…4粒
　スナップエンドウ（スジがあればとる）…4本
　つぼみ菜…10g
　新玉ネギ（くし形切り）…30g
ウド…20g
ジャガイモ…5g
塩、揚げ油…各適量
【蜂蜜マヨネーズ（作りやすい量）】※混ぜ合わせる。
　マヨネーズ…40g
　フレンチドレッシング（p.200）…20g
　ハチミツ…5g

1　Aの野菜はそれぞれ塩を加えた湯でゆでて、
　　冷水にとり、水気をとる。大きいものは食べ
　　やすい大きさに切る。

2　ウドは小角切りにする。ジャガイモは一口大
　　に切って素揚げする。

3　低温調理した鶏胸肉は一口大に切る。

4　1、2、3を合わせ、適量の蜂蜜マヨネーズ
　　を加えて和える。

c

c

ローストチキンと
ホワイトアスパラガスの
レモンバター風味

レモンの塩・砂糖漬けを加えたバターを、
シンプルに火入れした鶏胸肉と
ホワイトアスパラガスにからめる。

材料 (作りやすい量)

鶏胸肉(もも肉でもよい)…1枚(160g)
ホワイトアスパラガス…1本
塩…適量
【レモンバター】
　無塩バター…25g
　ハチミツ…5g
　レモンの塩・砂糖漬け(p.12。みじん切り)…1枚分
　レモンの塩・砂糖漬けの汁…少量
　塩…適量

1　鶏肉を一口大に切り、軽く塩をふる。200℃
　のオーブンに入れ、10分弱を目安に火が通
　るまで焼く。

2　ホワイトアスパラガスをゆで、食べやすい長
　さに切る。

3　レモンバターを作る。鍋にバターを熱し、キ
　ツネ色になり泡立ってきたらハチミツを加え
　る。レモンの塩・砂糖漬けを加え、その汁と
　塩で味を調える。

4　1と2を合わせ、3が温かいうちに加えて和
　える。

鶏胸肉のカレーローストと
揚げなす

カレーと相性のいいなすを合わせることで、
カレー風味の鶏肉が、よりおいしく味わえる。

材料 (作りやすい量)

鶏胸肉…1枚(160g)
A
　玉ネギ(みじん切り)…30g
　ニンニク(すりおろし)…1粒分
　生姜(すりおろし)…少量
　カレー粉(SBの赤缶)…好みの量
　ヨーグルト(プレーン)…20g
　オリーブ油…適量
ナス…1本
塩、揚げ油…各適量

1　鶏胸肉を一口大に切り、軽く塩をふる。Aを
　からめる。

2　1を、Aをからめたまま200℃のオーブンに
　入れ、10分弱を目安に火が通るまで焼く。

3　ナスは乱切りにして素揚げし、軽く塩をふる。

4　2と3を軽く合わせ、器に盛る。

B 鶏もも肉のフリット、ツナマヨネーズ

C 鶏もも肉のフリット、レモン・オレンジ風味

A

鶏胸肉のカレー風味焼きとピクルス

カレー風味のミックス野菜を、
低温調理した鶏肉にのせて焼く。
酸味のあるピクルスを添えて。

> 材料 (作りやすい量)

鶏胸肉… 1枚
シイタケ… 1個
玉ネギ(みじん切り)… 1/2個分
ニンニク(みじん切り)… 1〜2粒分
生姜(みじん切り)…ニンニクと同量程度
ご飯(冷たいものでもよい)…約大さじ1
サラダ油、塩…各適量
無塩バター(好みで)…少量
カレー粉…少量
チキンブイヨン…適量
シュレッドチーズ…適量
パルミジャーノ・レッジャーノ・チーズ(すりおろし)…適量
野菜のピクルス(セロリ、キュウリ、ニンジンなど)…適量

1 フライパンに薄くサラダ油をひき、シイタケを入れて焼く。粗熱がとれたらみじん切りにする。

2 フライパンに新たにサラダ油をひき、玉ネギ、ニンニク、生姜を入れて、飴色になるまでゆっくり炒める。好みによりバターを少量加え、さらに炒める。カレー粉をふり入れ、チキンブイヨンをひたひたに加える。1とご飯を加え、加熱しながらなじませる。火をとめて、粗熱をとる。

3 鶏胸肉は皮をとり除き、全体に塩をふり、真空用袋に入れて真空にする。60℃の湯に1時間ほど入れて加熱する。

4 2にシュレッドチーズを加えて混ぜ合わせ、3の鶏肉の皮がついていた側に平らにぬり広げ、パルミジャーノ・レッジャーノ・チーズをかける。

5 4をサラマンダーに入れ、チーズが溶けるまで焼く。粗熱をとり、食べやすい厚さに切り分ける。

6 器に盛り、野菜のピクルスを添える。

B

鶏もも肉のフリット、
ツナマヨネーズ

米粉をつけて揚げた鶏肉に、
ほうれん草入りのツナマヨネーズをからめた。
子どもも好きな、唐揚げのアレンジ。
上にかけたトマトが、油分を中和する。

材料（作りやすい量）

鶏もも肉（＊）… 1枚
ホウレン草… 1/2把
ツナ（オイル漬け缶詰）… 30g
マヨネーズ… 40g
マスタード… 8〜10g
塩、白コショウ、米粉、揚げ油… 各適量
トマト（小さめ）… 1/2個

＊鶏肉は、ここでは伊達鶏のもも肉を使用した。

1 鶏もも肉を一口大に切り、塩をふる。米粉を
　 薄くまぶして揚げ、油をきる。

2 ホウレン草をゆでて、水気をきり、みじん切
　 りにする。

3 ツナ、マヨネーズ、マスタード、2を混ぜ合
　 わせ、塩と白コショウで味を調える。

4 1を3で和え、器に盛る。トマトを小角切り
　 にして散らす。

C

鶏もも肉のフリット、
レモン・オレンジ風味

左記と同じ鶏肉のフリットに、
オレンジとレモンの塩・砂糖漬けの甘みを
加えたマヨネーズを合わせた。

材料（作りやすい量）

鶏もも肉（＊）… 1枚
セロリ… 20g
玉ネギ… 少量
レモンの塩・砂糖漬け（p.12）… 40g
オレンジの塩・砂糖漬け（＊）… 40g
マヨネーズ… 30g
レモンやオレンジの塩・砂糖漬けの汁… 少量
塩、米粉、揚げ油… 各適量

＊鶏肉は、ここでは伊達鶏のもも肉を使用した。
＊オレンジの塩・砂糖漬け：
　 p.12の「レモンの塩・砂糖漬け」同様にして、
　 オレンジで作ったもの。

1 鶏もも肉を一口大に切り、塩をふる。米粉を
　 薄くまぶして揚げ、油をきる。

2 セロリはスジがあればとり、小角切りにする。
　 玉ネギはみじん切りにする。合わせて塩をふ
　 っておく。

3 レモンとオレンジの塩・砂糖漬けの果肉はみ
　 じん切りに、皮は細切りにする。すべてマヨ
　 ネーズと合わせ、塩・砂糖漬けの汁で濃度を
　 調整する。

4 1と3を混ぜ合わせ、器に盛る。2を散らす。

A 鶏手羽元のマサラ風味

B 鶏手羽元、ピーマン、ししとうのオイル焼き

C 鶏手羽元、椎茸、伏見甘長唐辛子、
　じゃがいものオイル焼き

D 鶏手羽先の赤ワインマリネロースト
　&じゃがいものロースト

野菜＋肉・卵

鶏手羽元のマサラ風味

鶏手羽元とじゃがいもに、
マサラ（スパイスミックス）を合わせ、
パイナップルでアクセントを加えた。

材料（作りやすい量）

鶏手羽元…10本　　　　パイナップル…160g
玉ネギ…1/4個　　　　　ジャガイモ…3個
ニンニク（皮をむく）…1粒　マサラ（スパイスミックス）
生姜（すりおろし）　　　　…10g（好みの量）
　…1カケ分　　　　　牛乳（または水）…少量
ホウレン草（みじん切り）　塩、サラダ油…各適量
　…少量

1　パイナップルは、小角切りにする。ジャガイ
　モは蒸して皮をむき、一口大に切る。

2　鶏手羽元に塩をふる。サラダ油を薄くひいた
　フライパンに入れ、表面を焼きつける。

3　玉ネギを一口大に切り、2に加えて炒める。
　ニンニクと生姜を加え、火を少し弱めて炒め
　る。ホウレン草を加えてなじませ、マサラを
　ふり入れて、さらに炒める。

4　水分が飛んだら、牛乳を少しずつ加え、さら
　に水分を飛ばしながら炒める（サラダ油が足
　りないときは途中で足す）。

5　手羽元に火が通ったら、味を確認し、必要な
　ら塩で味を調える。1のパイナップルを加え
　てさっと合わせ、ジャガイモを加えて全体に
　なじませる。

鶏手羽元、ピーマン、ししとうのオイル焼き

丸ごとのピーマンやししとうが、
手羽元に負けない存在感。
四川唐辛子の風味を移したオイルをまとわせた。

材料（作りやすい量）

鶏手羽元…10本
四川唐辛子（朝天唐辛子）…5個
ニンニク（皮をむく）…1粒
ピーマン（小さめ*）…10個
シシトウ…10本
サラダ油、塩…各適量

*ピーマンは、こどもピーマンを使用した。

1　鶏手羽元に塩をふる。サラダ油を薄くひいた
　フライパン（または厚手の鍋）に入れ、表面
　を焼きつける。

2　1に、手羽元が浸る程度のサラダ油を足し、
　四川唐辛子、ニンニクを入れ、香りを出すよ
　うに、弱火でゆっくり加熱する。

3　ピーマンとシシトウを入れ、油をからめなが
　ら、火が通るまでじっくり加熱する。塩で味
　を調える。

C

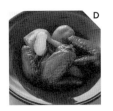

D

鶏手羽元、椎茸、伏見甘長唐辛子、じゃがいものオイル焼き

ゴロッとした手羽元に合わせ、
野菜も丸のまま使用。
しっかり焼きつければ、
塩とコショウだけで充分においしい。

材料（作りやすい量）

鶏手羽元…6本
ニンニク（皮つきのままつぶす）…1粒
玉ネギ（中心に近い部分。縦半分に切る）…1個分
ベーコン（ブロック）…50g　　セルバチコ…適量
シイタケ（小）…6個　　イタリアンパセリ…適量
伏見甘長唐辛子…3本　　粗挽き黒コショウ…少量
ジャガイモ（小）…6〜7個　　塩、サラダ油…各適量
レモン（輪切り）…1/4個分
タイム（生）…3本

1　ジャガイモはよく洗い、皮つきのまま蒸しておく。

2　鶏手羽元に塩をふる。サラダ油を多めにひいた鍋に入れ、強火で表面を焼きつける。ニンニク、玉ネギ、ベーコンを入れ、色づくようにしっかり焼く。

3　シイタケ、伏見甘長唐辛子も順に入れ、その都度混ぜながらしっかり焼き続ける。1のジャガイモも加え、加熱しながら全体をなじませていく。

4　レモンとタイムを加え、ときどき混ぜながら加熱する。全体がなじんできたら、塩と粗挽き黒コショウで味を調える。セルバチコとイタリアンパセリを加える。

鶏手羽先の赤ワインマリネロースト＆じゃがいものロースト

シンプルだが相性のいい組み合わせ。

材料（作りやすい量）

鶏手羽先…3〜4本　　レモン（スライス）…2枚
塩…適量　　コリアンダー（粒）…適量
赤ワインマリネ液（下記）　　ジャガイモ（メークイン）
　…100g　　　　　　…適量

1　鶏手羽先に、塩をふっておく。

2　赤ワインマリネ液にレモン、コリアンダーを加え、1の手羽先を漬ける（真空パックなら約半日。バットで漬けるならきっちりラップをして約1日）。

3　2の手羽先をとり出し、180（〜190）℃のオーブンで火が通るまで焼く（刷毛でマリネ液を何度かぬりながら焼くとよい）。

4　ジャガイモはよく洗い、皮つきのまま蒸す。半分に切り、オーブンで焼く。3に添える。

赤ワインマリネ液

材料（作りやすい量）

赤ワイン…750g
ハチミツ（または砂糖）…80g
タカノツメ…1本／塩…7g

鍋に材料を入れ、250g程度になるまで煮詰める。粗熱をとる。

A 豚肩ロースのロースト、アンチョビ風味
　＆グリーンピースと新玉ねぎとじゃがいものマッシュ

140

B 豚肩ロースの赤ワインマリネロースト
　　＆にんじんのグラッセとにんじんの葉のフリッツ

豚肩ロースのロースト、
アンチョビ風味＆グリーンピースと
新玉ねぎとじゃがいものマッシュ

アンチョビをピケしてシンプルにローストした
豚肩ロースに合わせたいのは、
素朴なグリーンピースとじゃがいもの付け合わせ。

A

豚肩ロースのロースト、
アンチョビ風味

（材料（作りやすい量））

豚肩ロース肉(塊)…約500g
アンチョビ…適量(＊)
フォンドヴォー(市販品)…適量
塩、コショウ、サラダ油…各適量

＊アンチョビの量は、塩気や好みに合わせて調節する。

1　豚肉全体に軽く塩をふり、ピケ針または竹串
　　などでところどころに穴をあけ、アンチョビ
　　を詰める。

2　フライパンにサラダ油を熱し、1の豚肉を入
　　れて表面全体をしっかり焼く。

3　2を180℃のオーブンに入れる。少し火が入
　　ってきたら、温度を160℃に下げて、中に火
　　が通るまで焼く（焦げるようであれば、途中で
　　アルミホイルをかぶせる）。

4　3をオーブンからとり出し、アルミホイルで
　　包んでしばらくやすませる。

5　3の焼き汁にフォンドヴォーを少量足して鍋
　　で煮詰め、塩、コショウで味を調えて、ソー
　　スとする。

グリーンピースと新玉ねぎと
じゃがいものマッシュ

（材料（作りやすい量））

グリーンピース(ゆでたもの)…250g
新玉ネギ(くし形切り)…1/2個分
ジャガイモ(蒸して皮をむいたもの)…大1個
チキンブイヨン…約80g
サラダ油、塩…各適量
無塩バター…少量
イタリアンパセリ(みじん切り)…適量

1　厚手の鍋にサラダ油をひき、新玉ネギを入れ
　　て炒める。グリーンピースを粗くつぶして入
　　れ、チキンブイヨンを加えて煮る。

2　蒸したジャガイモを粗くつぶし、1に加えて
　　全体になじませる。バターを少量加え、塩で
　　味を調える。

3　火をとめて、イタリアンパセリを加えてざっ
　　と混ぜ合わせる。

豚肩ロースの赤ワインマリネロースト
&にんじんのグラッセと
にんじんの葉のフリッツ

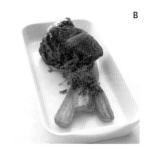

蜂蜜やオレンジ、赤ワインの風味を
まとわせた豚肉のローストには、
甘みのあるにんじんのグラッセがよく合う。

豚肩ロースの
赤ワインマリネロースト

材料（作りやすい量）

豚肩ロース肉（塊）… 500gほど
塩…適量
【マリネ液】
　赤ワイン…300g
　オレンジ（スライス）… 1/2個分
　タカノツメ… 1本
　ハチミツ…50g
　塩… 3g

1　マリネ液を作る。赤ワイン、オレンジ、タカ
　　ノツメを鍋に合わせて沸かし、2/3量まで
　　煮詰める。ハチミツを加えて煮溶かし、火を
　　とめる。塩を加え、粗熱をとる。

2　豚肉全体に軽く塩をふり、1のマリネ液とと
　　もに真空用袋に入れて真空にし、冷蔵庫で1
　　日ほど漬けておく。

3　2の豚肉をとり出し、180℃のオーブンに入
　　れる。全体が色よく焼けてきたら、温度を
　　160℃に下げ、途中刷毛でマリネ液を何度か
　　ぬりながら、中に火が通るまで焼く（焦げる
　　ようであれば、途中でアルミホイルをかぶせる）。

4　3をオーブンからとり出し、アルミホイルで
　　包んでしばらくやすませる。

にんじんのグラッセと
にんじんの葉のフリッツ

材料（作りやすい量）

ニンジン… 2本
無塩バター、塩、砂糖、オリーブ油…各適量
ニンジンの葉…適量
揚げ油…適量

1　ニンジンは皮をむき、縦半分に切る。鍋に入
　　れ、ひたひたの水、バター、塩、好みの量の
　　砂糖を加えてやわらかくなるまで煮る。ニン
　　ジンをいったんとり出しておく。

2　1の鍋の煮汁を少し煮詰め、ニンジンを戻し
　　て煮汁をからませる（グラッセ）。

3　フライパンに少量のオリーブ油を熱し、2の
　　ニンジンを入れてこんがりと焼く。

4　ニンジンの葉は、さっと素揚げする。

A 豚肉のローストと、赤キャベツと赤玉ねぎの赤ワイン煮

B 豚肩ロース、トマト、パプリカの煮込み

C 豚スペアリブの赤ワインマリネロースト
　＆じゃがいものロースト

野菜＋肉・卵

A

豚肉のローストと、赤キャベツと
赤玉ねぎの赤ワイン煮

肉と相性のいい赤キャベツと赤玉ねぎを、スパイスを加えた赤ワインで煮込み、
シンプルにローストした豚肉にたっぷり添える。

> 材料(作りやすい量)

豚肩ロース肉(塊)…800g
赤キャベツ…400g
赤玉ネギ…50g
ベーコン…70〜80g
ニンニク(つぶす)…1粒
ジュニパーベリー…12粒

黒粒コショウ…8粒
赤ワイン…180〜200g
赤ワイン(煮詰めたもの)…30g
塩…適量
サラダ油…適量

1 豚肉全体に塩をすり込む。1〜2時間おいて、出てきた水分をとる。

2 フライパンにサラダ油を熱し、1の豚肉を入れて表面全面をしっかり焼く。

3 2を180℃のオーブンに入れる。少し火が入ってきたら、温度を160℃に下げ、中に火が通るまで焼く(焦げるようであれば、途中でアルミホイルをかぶせる)。

4 3をオーブンからとり出し、アルミホイルで包んで温かいところでやすませておく。

5 赤キャベツは適宜に細切りにし、赤玉ネギは縦細切りにする。ベーコンも細切りにする。

6 鍋にサラダ油をひき、5とニンニクを入れて炒める。塩をふり、赤ワイン180〜200g、ジュニパーベリー、黒粒コショウを加え、軽く蓋をして加熱する。煮詰めた赤ワインを加えてさらに加熱し、塩で味を調える。

7 粗熱がとれた4の豚肉を、食べやすい厚さに切り分ける。器に6を敷き、豚肉をのせる。焼き汁を鍋で少し煮詰めてかける。

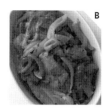

豚肩ロース、トマト、パプリカの煮込み

野菜をたっぷり加えて作る豚肉の白ワイン煮込み。
煮崩れたトマトが、ソースにもなる。

材料（作りやすい量）

豚肩ロース肉（塊）…800g
玉ネギ…300g
パプリカ（黄）…150g
パプリカ（赤）…150g
トマト…180g
ニンニク（大）…2粒
ベーコン…40g
タカノツメ…1本
白ワイン…120〜140g
タイム…1本
白粒コショウ…8粒
イタリアンパセリ
　（粗みじん切り）…適量
サラダ油…適量
塩…適量

1　豚肉全体に塩をすり込んでおく。

2　玉ネギは、縦1cm幅程度のくし形に切る。パプリカはヘタと種を除き、縦1cm幅程度に切る。トマトはざく切りにする。ニンニクはつぶす。ベーコンは、拍子木切りにする。

3　厚手の鍋にサラダ油をひき、1を入れて、表面全体を焼きつける。2のベーコンとニンニクを入れて炒め合わせ、さらに玉ネギとパプリカ、タカノツメを加えて炒め合わせる。

4　3に白ワイン、2のトマト、タイム、白粒コショウを加え、焦げないように気をつけながら、軽く蓋をして弱火で蒸し煮する。塩で味を調える。

5　肉に火が通ったら火をとめ、少しやすませて鍋からとり出し、適宜の厚さに切る。

6　肉をとり出したあとの鍋にイタリアンパセリを加えて混ぜ合わせ、5とともに器に盛る。

豚スペアリブの赤ワインマリネロースト&じゃがいものロースト

p.137の「鶏手羽先の赤ワインマリネロースト」の、豚肉バージョン。スパイスはジュニパーベリー、クローブ、黒粒コショウの3種類を使用した。

材料（作りやすい量）

豚スペアリブ…400g
赤ワインマリネ液（p.139）…100g
オレンジ（スライス）…2枚
スパイス（ジュニパーベリー、クローブ、黒粒コショウ）
　…各適量
ジャガイモ（メークイン）…適量

1　豚スペアリブは、食べやすい大きさに切る。

2　赤ワインマリネ液にオレンジ、スパイスを加え、1を漬けておく（真空パックなら約半日。バットであればきっちりラップをして約1日）。

3　2のスペアリブをとり出し、190℃のオーブンで10分ほど焼いて火を通す（刷毛でマリネ液を何度かぬりながら焼くとよい）。焼きあがったら、温かいところで5分ほどやすませる。

4　ジャガイモはよく洗い、皮つきのまま蒸す。半分に切り、オーブンで焼く。3に添える。

＊3で、焼きあがり直前にマリネ液のオレンジをオーブンに入れ、肉と一緒に焼いてもよい。

ごぼうのフリットと
豚肩ロースソテーの
胡麻味噌ソース

赤身と脂身のバランスのいい
豚の肩ロース肉には、根菜やイモ類、
そして胡麻味噌のこっくりとした
味がよく合う。

材料（作りやすい量）

豚肩ロース肉（塊）…160g
ゴボウ…1/2本
ジャガイモ（蒸して皮をむく）…1/2〜1個
春菊の葉…適量
塩…適量
サラダ油…少量
揚げ油…適量
【胡麻味噌ソース（作りやすい量）】
　白練りゴマ…60g
　穀物酢…40g
　醤油…20g
　砂糖…20g
　白味噌…20g

1　豚肉に塩をふる。ごく少量のサ
　　ラダ油をひいたフライパンに入
　　れ、両面を焼いて火を通す。

2　ゴボウは皮をこそげて斜め薄切
　　りにする。蒸したジャガイモは
　　一口大に切る。

3　2をそれぞれ素揚げする。油を
　　きり、熱いうちに春菊の葉を加
　　えてさっと和える。

4　胡麻味噌ソースの材料を混ぜ合
　　わせる。

5　1の豚肉を一口大に切り、3と
　　合わせ、4を適量加えて和える。

A	B
C	

A パプリカとさばのポークロール

B 長ねぎのポークロール

C マッシュルームソテーのポークロール

A

パプリカとさばのポークロール

パプリカと合わせて巻いたのは、焼いた塩さば。
脂気のある豚肉によく合う。

材料（作りやすい量）

豚肩ロース肉(薄切り)…3枚
塩サバ(焼いてほぐした身)…適量
パプリカ(赤、黄)…各1/2個
ニンニク…少量
トマトソース(下記)…適量
塩、サラダ油…各適量

1　パプリカに軽く塩をふり、サラダ油をまわしかけ、
　　ニンニクとともにオーブンで焼く。だいたい火が通
　　ったら、縦1cm幅程度に切る。

2　豚肉を広げ、軽く塩をふる。1とサバの身をのせて
　　巻く。

3　フライパンにサラダ油を少量ひき、2を巻き終わり
　　を下にして入れ、全体を焼く。

4　3を器に盛り、トマトソースをかける。

トマトソース

材料（作りやすい量）

トマトホール(水煮缶詰)…400g
玉ネギ(みじん切り)…50g
ニンニク(みじん切り)…少量
オリーブ油、塩…各適量

鍋にオリーブ油をひき、玉ネギとニンニクを入れて
焦がさないように炒める。トマトホールを加えて好
みの濃度に煮詰め、塩で味を調える。

B

C

長ねぎのポークロール

中身はゆでた長ねぎとチーズの組み合わせ。
おつまみにもいい。

材料（作りやすい量）

豚肩ロース肉（薄切り）… 3枚
長ネギ（白い部分）… 1本
シュレッドチーズ… 適量
無塩バター… 20gほど
醤油… 少量
塩、サラダ油… 各適量

1　長ネギの白い部分を、3等分に切ってゆでる。
　　水気をとる。

2　豚肉を広げ、軽く塩をふる。1とシュレッド
　　チーズをのせて、しっかり巻く。

3　フライパンにサラダ油を少量ひき、2を巻き
　　終わりを下にして入れ、全体を焼く。器に盛
　　る。

4　3のフライパンにバターを入れて焦がしバタ
　　ーにし、醤油を少量たらす。熱いうちに3に
　　かける。

マッシュルームソテーの
ポークロール

たっぷりの春菊サラダと一緒に食べるとおいしい。

材料（作りやすい量）

豚肩ロース肉（薄切り）… 3枚
マッシュルーム… 12個ほど
塩、サラダ油… 各適量
春菊の葉… 適量
フレンチドレッシング（p.200）… 適量

1　マッシュルームを薄切りにする。サラダ油を
　　ひいたフライパンに入れ、色づくまで炒める
　　（途中で塩をふる）。

2　豚肉を広げ、軽く塩をふる。1を適量のせて
　　巻く。

3　フライパンにサラダ油を少量ひき、2を巻き
　　終わりを下にして入れ、全体を焼く。

4　春菊の葉に好みの量のフレンチドレッシング
　　を加え、さっと合わせる。

5　3を器に盛り、4をのせる。

A	B
C	

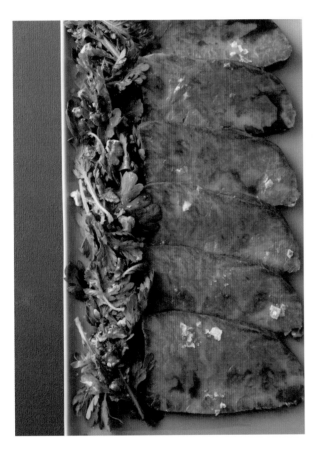

B ローストビーフと、春菊のサラダ

C 牛肉と新じゃがいものロールと、
新玉ねぎのオーブン焼き

パテ・ド・カンパーニュと、ラディッシュのサラダ

こってりとしたパテ・ド・カンパーニュに、
パンやさっぱりとしたサラダを添えて。

A

（材料（作りやすい量））

パン・ド・カンパーニュ（1㎝厚さに切ったもの）
　…2枚
無塩バター…適量
パテ・ド・カンパーニュ（右記）…適量
【ラディッシュのサラダ】
　ラディッシュ…4個
　シイタケ…1個
　コルニッション（食べやすい大きさに切る）…3本分
　パールオニオン（ピクルス）…2個
　白ワインビネガー…適量
　E.V.オリーブ油…適量
　塩、コショウ…各適量

1　ラディッシュのサラダを作る。ラディッシュ
　　を縦半分に切り、葉も食べやすく切っておく。

2　シイタケは裏返し、傘の内側に塩を少量ふっ
　　てグリルで焼く。粗熱がとれたら食べやすい
　　大きさに切る。

3　白ワインビネガーとE.V.オリーブ油を1：1
　　の比率で合わせ、塩、コショウで味を調える。

4　1と2、コルニッション、パールオニオンを
　　合わせて3で和える。

5　パン・ド・カンパーニュにバターをぬり、粗
　　くつぶしたパテ・ド・カンパーニュを広げて
　　のせる。

6　5に4のサラダを添える。

パテ・ド・カンパーニュ

（材料（テリーヌ型1本分））

A
　豚ショルダー肉…300g
　鶏レバー…150g
　豚もも肉…100g
　豚背脂…25g
B
　塩…8g
　コショウ…1.2g
　キャトルエピス…1g
　砂糖…1g
C
　マデラ酒…13.5g
　コニャック…13.5g
　卵…30g
　ニンニク（みじん切り）…1粒分
　エシャロット（みじん切り）…30g
　パセリ（みじん切り）…5g

1　Aはすべてミンチ状にする。

2　1にBを加え、混ぜ合わせて練る。
　　Cを加えてさらに練る。

3　2を団子状にしてテリーヌ型に落と
　　し入れ、全体をなじませる。

4　蓋をして、160℃のオーブンで約45
　　分湯煎焼きする（芯温70℃）。

＊冷蔵庫で1〜2日ねかせてから食べるとよい。

B

C

ローストビーフと、春菊のサラダ

ローストビーフの付け合わせは、
マッシュポテトやクレソンが定番だが、
春菊のサラダを合わせることで、新しい味わいに。

（材料）

【ローストビーフ】
　牛ロース肉(塊)…適量
　塩、サラダ油…各適量
春菊の葉…適量
バルサミコ酢ドレッシング(＊)…適量
クルミ(オーブンでカリッと焼いておく)…適量
グロセル(大粒の塩)…適量

＊バルサミコ酢ドレッシング：
　バルサミコ酢とE.V.オリーブ油を１：１の比率で合わせ、塩、
　コショウで味を調える。

1　ローストビーフを作る。牛肉全体に塩をふる。
　　サラダ油をひいたフライパンに入れ、全体に
　　焼き色をつけたら弱火にし、好みの火入れぐ
　　あいに焼きあげる。やすませておく。

2　春菊の葉は洗ってパリッとさせ、水気をとる。

3　1を薄切りにして器に盛り、2を添える。バ
　　ルサミコ酢ドレッシングをかけ、クルミとグ
　　ロセルを散らす。

＊ローストビーフを真空調理機や低温調理器を使って作る場合は、塩
　をした牛肉を真空用袋に入れて真空にし、芯温60℃前後に設定し
　て湯煎した後、サラダ油をひいたフライパンで、全体に焼き色をつ
　ける。

牛肉と新じゃがいものロールと、
新玉ねぎのオーブン焼き

まとわせた牛肉が、
じゃがいもにうま味と脂分を加える。
玉ねぎの甘みもよく合う。

（材料（作りやすい量））

新ジャガイモ(小。皮つきのままゆでる)…2個
和牛の切り落とし肉…60〜80g
新玉ネギ(または葉玉ネギ)…1個
塩、オリーブ油…各適量
粗挽き黒コショウ…少量

1　ゆでたジャガイモを、牛肉（1個に30〜40g
　　使用）でしっかり包む。表面に塩をふる。

2　1を190℃のオーブンで5分前後焼き、肉が
　　焼けたらオーブンからとり出す。

3　新玉ネギは軽く塩をふり、アルミホイルで包
　　む。160℃のオーブンで火が通るまで焼き、
　　縦半分に切る。

4　フライパンにオリーブ油をひき、3を切り口
　　を下にして入れ、色よく焼く。塩を少量ふる。

5　2を4とともに器に盛る。2の焼き汁をソー
　　スとしてかけ、粗挽き黒コショウを少量ふる。

＊デミグラスソースをかけてもよい。また、最後にグロセルを散らし
　てもよい。

A 仔羊とじゃがいもといんげんのラグー

Chapter 3

仔羊とじゃがいもと
いんげんのラグー

肉も野菜も大きめに使い、
素材感のあるクリアな煮込みに。

材料（作りやすい量）

仔羊ショルダー肉…400g
ベーコン（厚切り）…60g
ジャガイモ…2〜3個
インゲン…80g
玉ネギ（くし形切り）…160g
ニンニク（皮つきのままつぶす）…2粒
ローリエ…1枚
タイム…2〜3本
塩、黒コショウ…各適量

1　仔羊肉は丸めてひもでしばり、塩を少量ふる。ベーコンは食べやすい大きさに切る。ジャガイモは皮をむき、食べやすい大きさに切る。インゲンはヘタを切り落とす。

2　鍋に1の仔羊肉と玉ネギ、ニンニク、ベーコン、ローリエ、タイム、塩、ひたひた程度の水を入れて煮る。途中で1のジャガイモとインゲンを加える。肉に火が通ったら、鍋からとり出しておく。

3　2の煮汁の味を確認し、塩、黒コショウで味を調える。

4　2の肉のひもをはずし、適当な大きさに切って3の鍋に戻す。

＊味をよりしっかりさせたいときは、固形ブイヨンを2個程度加えて煮てもよい。

牛挽き肉とキャベツと
じゃがいもの重ね焼き

素材のおいしさを閉じ込める重ね焼きは、
キャベツやじゃがいもにぴったりの調理法。

材料（作りやすい量）

牛挽き肉（粗挽き）…300g
キャベツ（ゆでたもの）…6〜7枚
ジャガイモ（大）…1〜2個
玉ネギ…1/3個
ニンニク…1粒
塩…適量
黒コショウ…適量
サラダ油…適量
タイム…2〜3本
ローリエ…1枚
ジュ・ド・ヴォライユ（またはチキンブイヨン）…適量

1　ジャガイモは皮つきのまま蒸して皮をむき、大きめ
　　につぶしておく。

2　玉ネギとニンニクをみじん切りにし、サラダ油をひ
　　いたフライパンで炒める。

3　2の粗熱がとれたら、牛挽き肉に加えてよく混ぜ合
　　わせ、塩、黒コショウをふる。

4　ココット鍋の縁からはみ出すように、キャベツ3枚
　　を隙間なく敷き詰める。その中に1、3、残りの
　　キャベツ、3の順に、その都度しっかり具を抑えな
　　がら、隙間を作らないように敷いていく。

5　縁からはみ出ているキャベツをかぶせ、タイムとロ
　　ーリエをのせ、ジュ・ド・ヴォライユをまわしかけ
　　る。

6　ココット鍋に蓋をして（付属の蓋がなければ、アルミ
　　ホイルなどをかぶせる）、170〜180℃のオーブンで
　　火が通るまで焼く。途中焦げるようなら水を足す。

A 半熟卵のココット、えびと
　マッシュルームのケチャップマヨネーズ

B 半熟卵のココット、マッシュルームと
　ほうれん草のカレークリームソース

C 目玉焼き＋春キャベツと
　フレンチ味噌ドレッシング

D 目玉焼き＋マッシュルームと
　ほうれん草のバターソテー

野菜+チーズ・ヨーグルト

フレッシュチーズやヨーグルトは、
特に美容や健康に関心の高い女性に好まれる。
カラフルな野菜やフルーツを上手に組み合わせることで、
魅力的なデリに仕立てることができる。

フレッシュチーズと春野菜

半熟卵のココット、
えびとマッシュルームの
ケチャップマヨネーズ

A

朝食や軽いランチにぴったりな一品。
やわらかく火を入れた卵に、
えびと新鮮なマッシュルームを合わせた。

材料（1人分）

卵…1個
エビ…1～2本
マッシュルーム…1個
サラダ油、塩…各少量
パセリ（みじん切り）…少量
【ケチャップマヨネーズ（作りやすい量）】
　ケチャップ…40g
　マヨネーズ…20g
　生クリーム…5g
　※よく混ぜ合わせる。

1　ココットに卵を割り入れ、蒸して半熟に火を入れ
　る。

2　エビは殻をむいてゆで、食べやすい大きさに切る。
　マッシュルームは、ごく少量のサラダ油をひいた
　フライパンでさっと炒め、軽く塩をふる。縦薄切
　りにする。

3　1の上に2をのせ、ケチャップマヨネーズを適量
　かける。パセリをふる。

半熟卵のココット、
マッシュルームとほうれん草の
カレークリームソース

B

マッシュルームとほうれん草を加えた
カレークリームソースが、卵によく合う。

材料（1人分）

卵…1個
玉ネギ（みじん切り）…20g
マッシュルーム（縦薄切り）…2個分
ホウレン草…1株
サラダ油…適量
無塩バター（好みで）…適量
塩…適量
生クリーム…30g
カレールー…10gほど

1　ココットに卵を割り入れ、蒸して半熟に火を入れ
　る。

2　厚手の鍋にサラダ油をひき（好みでバターを加えて
　もよい）、玉ネギとマッシュルームを炒める。

3　ホウレン草を洗って軽く塩をふり、食べやすい大
　きさに切って2に加え、さっと強火で炒める。

4　3に生クリームを加え、カレールーを入れて溶か
　す。

5　1に4をかける。

A

B

C

D

目玉焼き＋春キャベツと
フレンチ味噌ドレッシング

和、洋どちらの食卓にも合う組み合わせ。

（材料（1人分））

春キャベツ… 2〜3枚
フレンチドレッシング(p.200)… 40g
白味噌… 少量
生姜(すりおろし)… 少量
卵… 1個
サラダ油… 適量

1 キャベツを食べやすい大きさに切る。サラダ油を
ひいたフライパンに入れ、弱火で炒める。

2 フレンチドレッシング、白味噌、おろし生姜を混
ぜ合わせる（濃度や味が強すぎる場合は、油や水を
足して調整する）。

3 サラダ油をひいたフライパンで、目玉焼きを焼く。

4 器に1を敷き、3をのせ、2をかける。

目玉焼き＋マッシュルームと
ほうれん草のバターソテー

トーストにのせてもおいしい組み合わせ。

（材料（1人分））

ホウレン草… 1株
ニンニク(つぶす)… 少量
玉ネギ(みじん切り)… 少量
マッシュルーム(縦に薄切り)… 適量
サラダ油、無塩バター、塩、コショウ… 各適量
卵… 1個

1 ホウレン草を洗って軽く塩をふる。サラダ油をひ
いたフライパンに入れて、強火でさっと炒め、と
り出しておく。

2 1のフライパンにバターを入れ、ニンニクと玉ネ
ギ、マッシュルームを入れて炒める。

3 サラダ油をひいたフライパンで、目玉焼きを焼く。

4 器に1と2を敷き3をのせ、塩、コショウをふる。

フレッシュチーズと春野菜

ヨーグルトを加えたカッテージチーズと、
春の野菜や山菜の組み合わせが新鮮。春を楽しむサラダ。

（材料（作りやすい量））

カッテージチーズ… 250g
ヨーグルト(プレーン)… 80g
塩、オリーブ油、レモン果汁
　　… 各適量
新玉ネギ、サヤエンドウ、菜の花、
　グリーンアスパラガス、ソラ豆、
　こごみ、タラの芽、はつか大根
　　… 各適量
揚げ油、E.V.オリーブ油
　　… 各適量

1 カッテージチーズとヨーグルトを泡立
て器でよく混ぜ合わせ、塩、オリーブ
油、レモン果汁で味を調える。

2 新玉ネギ、サヤエンドウ、菜の花、グ
リーンアスパラガス、ソラ豆、こごみ
は、それぞれ塩を加えた湯でゆでて、
冷水にとり、水気をとる（大きいもの
は食べやすい大きさに切る）。タラの芽
は素揚げする。はつか大根は、食べや
すい大きさに切る。

3 1を器に敷き、2を彩りよく盛り付け
る。E.V.オリーブ油をまわしかける。

A モッツァレラクリーム＋グリーン野菜のサラダ

B モッツァレラクリーム＋にんじん、
　オレンジ、金柑のサラダ

C モッツァレラクリーム＋いちご、トマト、黒オリーブのサラダ

D フレッシュチーズと季節のフルーツ

E 新玉ねぎとトマト、ヨーグルトソース

野菜＋チーズ・ヨーグルト

モッツァレラクリーム
＋グリーン野菜のサラダ

このまま食卓にも出せる、
蓋つきの保存容器に詰めた、おしゃれなチーズサラダ。
色をそろえた野菜やフルーツで作り、色違いでいくつか並べると楽しい。
ここでは、グリーンの色合いが美しい、春野菜や豆をとり混ぜて。

材料

モッツァレラクリーム（右記）…適量
野菜（グリーンピース、菜花、スナップエンドウなど）…適量
赤ワインビネガードレッシング（＊）…適量
ミント…少量
塩…適量

＊赤ワインビネガードレッシング：
　赤ワインビネガーとE.V.オリーブ油を1：1〜1：2の比率で合わせ、
　塩、コショウで味を調える。

1　野菜はスジなどがあるものは掃除し、それぞれ塩を加え
　　た湯でゆでて、冷水にとり、水気をとる（大きいものは
　　食べやすい大きさに切る）。赤ワインビネガードレッシン
　　グで和える。

2　モッツァレラクリームを容器に入れ、1をバランスよく
　　のせ、ミントを散らす。

モッツァレラクリーム

材料（作りやすい量）

モッツァレラチーズ…70g
生クリーム（乳脂肪分35％）…35g
塩…少量

モッツァレラチーズを割ってボウ
ルに入れ、生クリーム、塩を加え
て、ゴムベラでよく混ぜ合わせる。

フレッシュチーズと季節のフルーツ

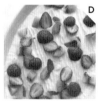

白いベースにいちごの赤とキウイのグリーンが美しい。
蜂蜜とミントで自然な甘みと香りを添える。

材料（作りやすい量）

マスカルポーネ…150g
ヨーグルト（プレーン）…150g
キウイフルーツ…1個
イチゴ（大小あってよい）…適量
ハチミツ…適量
ミント…適量

＊フルーツは季節のものを好みの組み合わせで。

1　マスカルポーネとヨーグルトを泡立て器でよく混ぜ合わせる。
　　器に敷き詰め平らにならす（フォークでスジをつけてもよい）。

2　キウイフルーツは皮をむいて小角切りにし、イチゴはヘタを
　　とり、たて半分に切る。1に散らしてのせる。

3　ハチミツをまわしかけ、ミントを散らす。

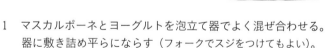

モッツァレラクリーム
＋にんじん、オレンジ、
金柑のサラダ

オレンジ色が美しい組み合わせ。

材料

モッツァレラクリーム(p.166)…適量
にんじんのグラッセ(＊)…適量
にんじんのピュレ(＊)…適量
オレンジ(薄皮を除いた実)、キンカン…各適量
生ハム(みじん切り)…適量
黒粒コショウ…少量

＊にんじんのグラッセ(分量は適量)：ニンジンは皮をむき、鍋に入れ
　てひたひたの水、無塩バター、塩、好みの量の砂糖を加えてやわら
　かくなるまで煮る。最後は水分を飛ばすように煮詰める。
＊にんじんのピュレ：にんじんのグラッセ(上記)をミキサーで攪拌し、
　なめらかなピュレ状にする。

1　にんじんのグラッセ、オレンジの実、キンカンは
　　食べやすい大きさに切る。

2　モッツァレラクリームを容器に入れる。生ハムを
　　散らし、にんじんのピュレをのせる。

3　2の上に、1をバランスよくのせ、黒粒コショウ
　　をつぶしてのせる。

モッツァレラクリーム
＋いちご、トマト、黒オリーブのサラダ

味と色合いが大人女子好み。

材料

モッツァレラクリーム(p.166)…適量
イチゴ、ミニトマト…各適量
黒オリーブ…適量
赤ワインビネガードレッシング(p.166)…適量

1　イチゴとミニトマトは食べやすい大きさに切り、
　　合わせて赤ワインビネガードレッシングで和える。
　　黒オリーブは種をとり、輪切りにする。

2　モッツァレラクリームを容器に入れ、1をバラン
　　スよくのせる。

新玉ねぎとトマト、ヨーグルトソース

さっとゆでた新玉ねぎとオーブンで火を入れたトマトに、
たっぷりのヨーグルトソース。アクセントにユズの風味を添えた。

材料(2人分)

新玉ネギ…1/2個
ミディトマト…1/2個
ヨーグルト(プレーン)…180g
E.V.オリーブ油…30〜50g
セロリの葉先…少量
ユズの塩・砂糖漬け(＊)…少量
　(汁も使用)
塩、オリーブ油…各適量

＊ユズの塩・砂糖漬け：
　p.12の「レモンの塩・砂糖漬け」同様にして、ユ
　ズで作ったもの。

1　新玉ネギは、アルミホイルで包み、150℃前後のオーブンで
　　火が通るまでじっくり焼く。粗熱がとれたら、くし形に切る。

2　トマトは縦半分に切り、塩をふってオリーブ油をまわしかけ、
　　180℃のオーブンで火を入れる。

3　ヨーグルトとE.V.オリーブ油を混ぜ合わせ、塩で味を調える。

4　1と2を器に盛り、3をかける。セロリの葉先と、小さく切
　　ったユズの塩・砂糖漬けを添え、汁も少量かける。

野菜＋パン

パンと野菜を組み合わせたデリは、
朝食や簡単なランチにぴったり。

じゃがいもと鱈と
グリーンピースのオープンサンド

白ワイン蒸しにした鱈とじゃがいもを合わせ、
パンにたっぷりのせた。

材料（作りやすい量）

ジャガイモ（蒸して皮をむいたもの）…150g
甘塩タラ（切り身。皮と骨をとり除いたもの）…120g
ニンニク（みじん切り）…1〜2粒分
玉ネギ（みじん切り）…50g
白ワイン…少量
オリーブ油…少量
生クリーム…20g
グリーンピース（ゆでたもの）…好みの量
塩…適量
パン・ド・カンパーニュ（2cm厚さほど）…1枚
アーティチョークのマリネ（市販品。好みで）…適量
E.V.オリーブ油（好みで）…適量

1　鍋にタラとニンニク、玉ネギを入れる。少量の白
　　ワイン、オリーブ油をかけ、火が通るまで弱火で
　　加熱し、火をとめる。

2　1に生クリームを加えて全体になじませる。

3　蒸したジャガイモを粗くつぶし、2に加えて混ぜ、
　　グリーンピースを入れて合わせる。塩で味を調え
　　る。

4　パンに3をのせる。好みでアーティチョークのマ
　　リネをのせる（好みでE.V.オリーブ油をかけてもよ
　　い）。

玉ねぎと
マッシュルームの
オープンサンド

飴色に炒めてバルサミコ酢で味つけた
玉ねぎと、マッシュルームの
ソテーをのせた。
ワインに合わせてもいい。

材料（作りやすい量）

玉ネギ… 1/4個
マッシュルーム（鮮度のよいもの）…10個
無塩バター、塩、粗挽き黒コショウ
　…各適量
バルサミコ酢…適量
パン・ド・カンパーニュ（2㎝厚さほど）
　…1枚

1　玉ネギとマッシュルームは、縦
　　薄切りにする。

2　フライパンにバターをひき、玉
　　ネギを入れて焦がさないように
　　炒める。飴色に色づいてきたら
　　バルサミコ酢を少量ふり入れて
　　しっかり炒め、塩で味を調える。
　　フライパンからとり出しておく。

3　2のフライパンにバターを足し、
　　マッシュルームを入れてしっか
　　り焼き目をつけるように炒め、
　　塩と粗挽き黒コショウで味を調
　　える。

4　パンに2を敷き、3をのせる（具
　　は粗熱がとれてからのせる）。

野菜＋パン

フレンチトースト＋
ほうれん草とマッシュルームのチーズクリーム

甘みを抑えた、食事むきのフレンチトーストのバリエーション。
ここでは、野菜を加えたチーズクリームをたっぷりかけて。

材料（2切れ分）

【フレンチトースト】	ホウレン草…1株
食パン（6枚切り）…1枚	マッシュルーム…2個
卵液（作りやすい量）	玉ネギ…25g
卵…2個	ニンニク（みじん切り）
牛乳…125g	…少量
生クリーム…125g	塩…適量
塩…少量	サラダ油…適量
砂糖…少量（好みで）	ゴルゴンゾーラ・チーズ
白コショウ…少量	…10g
無塩バター…適量	シュレッドチーズ…25g
	生クリーム…適量
	黒粒コショウ…少量

1 フレンチトーストを作る。卵液の材料を、泡立て器でよく混ぜ合わせてバットに入れ、半分に切った食パンを浸ける。途中で一度裏返し、卵液をしっかり染み込ませる。バターを溶かしたフライパンで、両面を焼く。

2 ホウレン草は洗い、食べやすい大きさに切り、塩を少量ふっておく。マッシュルームと玉ネギは、縦薄切りにする。

3 厚手の鍋にサラダ油とニンニクを入れて温め、2の玉ネギ、マッシュルーム、ホウレン草を入れてさっと炒める。

4 3にゴルゴンゾーラ・チーズ、シュレッドチーズ、生クリームを加えて混ぜ合わせ、黒コショウを少量挽きかける。

5 1のフレンチトーストを器にのせ、4をのせる。

フレンチトースト＋かぼちゃのヨーグルトマヨネーズ

かぼちゃの自然な甘みを生かした
ヨーグルトマヨネーズをのせて。

材料（2切れ分）

フレンチトースト（p.170の作り方1同様に
　作ったもの）…2切れ
【かぼちゃのヨーグルトマヨネーズ
（作りやすい量）】
　カボチャ（蒸して皮を除いた実）…80g
　ヨーグルト（プレーン）…30g
　マヨネーズ…10g
　玉ネギ（みじん切り）…5g
レモンの塩・砂糖漬け（p.12）、
　オレンジの塩・砂糖漬け（＊）…各少量
パルミジャーノ・レッジャーノ・チーズ
　…適量
黒粒コショウ…適量

＊オレンジの塩・砂糖漬け：
　p.12の「レモンの塩・砂糖漬け」同様にして、
　オレンジで作ったもの。

1　かぼちゃのヨーグルトマヨネー
　　ズを作る。カボチャの実をボウ
　　ルに入れ、スプーンの背などで
　　つぶし、ヨーグルト、マヨネー
　　ズ、玉ネギを加えてよく混ぜ合
　　わせる。

2　レモンとオレンジの塩・砂糖漬
　　けをみじん切りにし、1に加え
　　て混ぜ合わせる。

3　フレンチトーストを器にのせ、
　　2をのせる。パルミジャーノ・
　　レッジャーノ・チーズを好みの
　　量すりおろしてかけ、黒コショ
　　ウを挽きかける。

フレンチトースト＋
フルーツヨーグルトソース

オレンジとレモンの塩・砂糖漬けを加えた
ヨーグルトをのせて。キウイ、バナナ、いちごなどの
フルーツを加えて作ってもよい。

材料（2切れ分）

フレンチトースト（p.170の作り方1同様に作ったもの）…2切れ
オレンジの塩・砂糖漬け（＊）…4枚
レモンの塩・砂糖漬け（p.12）…2枚
ヨーグルト（プレーン）…50g
ハチミツ（好みで）…適量
クルミ（オーブンでカリッと焼いておく）…適量

＊オレンジの塩・砂糖漬け：
　p.12の「レモンの塩・砂糖漬け」同様にして、オレンジで作ったもの。

1　オレンジとレモンの塩・砂糖漬けをみじん切りに
　　し、ヨーグルトと混ぜ合わせる（好みでハチミツ
　　を加える）。

2　フレンチトーストを器にのせ、1をのせる。砕い
　　たクルミを散らす。

フレンチトースト＋
セロリヨーグルトソース

セロリとレモン、ブルーベリーの組み合わせがさわやか。

材料（2切れ分）

フレンチトースト（p.170の作り方1同様に作ったもの）…2切れ
セロリ…20g　　　　　　　塩、白コショウ…各少量
玉ネギ…10g　　　　　　　レモンの塩・砂糖漬けの汁
レモンの塩・砂糖漬け（p.12）　　…大さじ1
　…1枚　　　　　　　　　ブルーベリー…適量
アサツキ…少量　　　　　　セロリの葉…適量
ヨーグルト（プレーン）…50g

1　セロリ（スジがあればとる）と玉ネギを小角切り
　　にして、塩をふる。レモンの塩・砂糖漬けはみじ
　　ん切りにする。アサツキは小口切りにする。

2　1をヨーグルトと混ぜ合わせ、塩、白コショウ、
　　レモンの塩・砂糖漬けの汁で味を調える。

3　フレンチトーストを器にのせ、2をのせる。ブル
　　ーベリーとセロリの葉を散らす。

Chapter 4

ムースとピュレ

———

ほんのり甘いにんじんのムースや、野菜の自然な味を生かしたピュレは、
小さい子どもからお年を召した方まで
おいしく食べられる、やさしい野菜料理。

春にんじんのムースとグラッセ

グラッセにした春にんじんと
そのムースを合わせ、生ハムの塩味と
クルミの歯ごたえを加えた。
ムースの甘さは好みにより、
グラッセの砂糖の量で調整するとよい。

材料 (作りやすい量)

春にんじんのグラッセ(＊)…適量
【春にんじんのムース】
　春にんじんのピュレ(＊)…260g
　牛乳…80〜100g
　生クリーム…少量
　塩…適量
クルミ(オーブンでカリッと焼いておく)…適量
生ハム…適量

＊春にんじんのグラッセ(分量は適量)：
　春ニンジンは皮をむき、5㎜厚さ程度の輪切りにする。
　鍋に入れ、ひたひたの水、無塩バター、塩、好みの量
　の砂糖を加えてやわらかくなるまで煮る。最後は水分
　を飛ばすように煮詰める。
＊春にんじんのピュレ：春にんじんのグラッセ(上記)を
　ミキサーで攪拌し、なめらかなピュレ状にする。

1　春にんじんのムースを作る。春にん
　　じんのピュレと牛乳を合わせてミキ
　　サーで攪拌する。ボウルにとり出し、
　　生クリームを加えて混ぜ、好みによ
　　り塩で味を調える。

2　器に1のムースを敷き、クルミを散
　　らし、生ハムをちぎって散らす。そ
　　の上に、春にんじんのグラッセを、
　　きれいに並べて敷き詰める。

そら豆と
春にんじんのムース

甘みのある春にんじんのムースに、
そら豆の食感と色をプラス。
ピリッとした黒コショウが、
甘みを引き締める。

（材料（作りやすい量）

春にんじんのピュレ(p.174)…260g
ヨーグルト（プレーン）…80〜100g
レモン果汁、塩…各少量
E.V.オリーブ油…適量
ソラ豆（ゆでて薄皮を除いたもの）…適量
粗挽き黒コショウ…適量

1　春にんじんのピュレとヨーグル
　　トを合わせてミキサーで攪拌す
　　る。

2　1をボウルにとり出し、レモン
　　果汁、E.V.オリーブ油を加えて
　　混ぜ合わせ、塩で味を調える。

3　2を器に盛り、半分に割ったソ
　　ラ豆をのせ、粗挽き黒コショウ
　　を散らす。

A じゃがいもとほうれん草のピュレ
　＋ヤシオマスの燻製

B じゃがいもと長ねぎのピュレ

E じゃがいもとにんじんのピュレ

F ごぼうとじゃがいものピュレ

C さつまいものピュレ

D カリフラワーのピュレ+生ハム

G カリフラワーのピュレ+緑オリーブ

H 玉ねぎのピュレ+アンチョビと生ハム

ムースとピュレ

じゃがいもとほうれん草の ピュレ＋ヤシオマスの燻製

ヤシオマスの燻製の塩味とうま味を加えて。

材料（作りやすい量）

ジャガイモ（蒸して皮をむいたもの）…160g
チキンブイヨン…50g　　　ホウレン草…少量
牛乳…50g　　　　　　　　オリーブ油…適量
ヨーグルト（プレーン）…30g　ヤシオマスの燻製（＊）
塩、コショウ…各適量　　　　…適量

＊ヤシオマスの燻製の代わりに、普通のスモークサーモンを使用して
もよい。

1　蒸したジャガイモ、チキンブイヨン、牛乳、ヨー
　　グルトを合わせてミキサーで攪拌し、ピュレ状に
　　する。塩、コショウで味を調える。

2　ホウレン草は洗い、オリーブ油をひいたフライパン
　　に入れて、強火で炒める。軽く塩をふる。粗熱
　　がとれたらみじん切りにする。1に加えて混ぜる。

3　2を器に入れ、ヤシオマスの燻製をのせる。

じゃがいもと長ねぎのピュレ

じゃがいもに長ねぎを加えてピュレに。
カリカリベーコンで味と食感を加える。

材料（作りやすい量）

ジャガイモ（蒸して皮をむいたもの）…120g
長ネギ（白い部分。蒸したもの）…60g
チキンブイヨン…100g
牛乳…60g
塩…適量
ベーコン…少量

1　蒸したジャガイモと長ネギ、チキンブイヨン、牛
　　乳を合わせてミキサーで攪拌し、ピュレ状にする。
　　塩で味を調える。

2　ベーコンは細い棒状に切り、フライパンでカリカ
　　リに焼く。

3　1を器に入れ、2をのせる。

じゃがいもとにんじんのピュレ

2色のピュレを軽く合わせてマーブル状に。

材料（作りやすい量）

【にんじんのピュレ】
　ニンジン（皮をむいて蒸したもの）…40g
　牛乳…20g
　生クリーム…10g
　塩…適量
【じゃがいものピュレ】
　ジャガイモ（蒸して皮をむいたもの）…60g
　チキンブイヨン…20g
　塩…適量
イタリアンパセリ…適量

1　にんじんのピュレの材料をミキサーで攪拌してピ
　　ュレ状にする。塩で味を調える。

2　じゃがいものピュレの材料をミキサーで攪拌して
　　ピュレ状にする。塩で味を調える。

3　器に2を半分程度まで入れ、上に1を入れる。軽
　　く混ぜ合わせてマーブル状にする。イタリアンパ
　　セリを刻んでのせる。

ごぼうとじゃがいものピュレ

硬いごぼうもピュレにすれば、食べやすい。

材料（作りやすい量）

ゴボウ…50g　　　　　　　塩…適量
ジャガイモ（蒸して皮を　　ベーコン…少量
　むいたもの）…1個　　　クルミ（オーブンでカリッ
チキンブイヨン…100g　　　と焼いておく）…少量
牛乳…40g

1　ゴボウは皮をこそぎ、薄い輪切りにする。蒸した
　　ジャガイモは輪切りにする。

2　1を合わせてチキンブイヨンとともに真空用袋に
　　入れて真空にする。100℃の湯に1時間ほど入れ
　　て加熱する。袋から出し、ミキサーで攪拌してピ
　　ュレ状にする。

3　2に牛乳を加えて塩で味を調える。

4　ベーコンを短冊切りにし、フライパンでカリカリ
　　に焼く。

5　器に3を入れて4をのせ、砕いたクルミをのせる。

さつまいものピュレ

さつまいもの自然な甘みをそのまま生かした、
デザート感覚で食べられるピュレ。

材料（作りやすい量）

サツマイモ（ピュレ用。　　　サツマイモ（トッピング用。
　蒸して皮をむいたもの）　　　蒸して小角に切ったもの）
　…170g　　　　　　　　　　…少量
牛乳…90g　　　　　　　　　ハチミツ…少量
生クリーム…10g程度　　　　粗挽き黒コショウ…少量
レーズン…少量　　　　　　　塩、レモン果汁…各適量

1　蒸して皮をむいたサツマイモと牛乳を、ミキサー
　　で攪拌してピュレ状にする。生クリームを加えて
　　混ぜ合わせる（濃度は牛乳で調整する）。塩とレモ
　　ン果汁で味を調える。

2　1を器に入れ、レーズン、小角に切った蒸しサツ
　　マイモをのせ、ハチミツと粗挽き黒コショウを少
　　量かける。

カリフラワーのピュレ＋生ハム

カリフラワーで作る白いピュレ。
最後にのせる生ハムとE.V.オリーブ油と
合わせて食べると味が完成する。

材料（作りやすい量）

カリフラワー…160g　　　　塩、レモン果汁…各少量
牛乳…適量　　　　　　　　　生ハム…少量
生クリーム…40g　　　　　　E.V.オリーブ油…少量
無塩バター…5g

1　カリフラワーは小房に分けて、鍋に入れ、牛乳を
　　ひたひたに加えて紙で落とし蓋をし、やわらかく
　　煮る。

2　1をすべてミキサーで攪拌してピュレ状にする。

3　2と生クリーム、バターを鍋に入れ、温めながら
　　合わせる。塩と少量のレモン果汁で味を調える。

4　3を器に入れ、生ハムをのせる。E.V.オリーブ油
　　をまわしかける。

カリフラワーのピュレ
＋緑オリーブ

右上と同じピュレに、オリーブをプラス。

材料（作りやすい量）

カリフラワーのピュレ
　（右上の作り方1～3と同様に作ったもの）…140g
緑オリーブ…適量
カリフフラワー（トッピング用）…適量
E.V.オリーブ油…適量

1　緑オリーブは種を除いて細かく切る。トッピング
　　用のカリフラワーは小房に分けてゆで、食べやす
　　い大きさに切る。

2　カリフラワーのピュレを器に入れ、1をのせる。
　　E.V.オリーブ油をまわしかける。

玉ねぎのピュレ
＋アンチョビと生ハム

スープ感覚でも食べられる水分多めのピュレ。

材料（作りやすい量）

玉ネギ（ピュレ用。蒸したもの）…120g
チキンブイヨン…40g
玉ネギ（トッピング用）…少量
生ハム…少量
アンチョビ…少量
塩…適量
揚げ油…適量
F.V.オリーブ油…適量

1　蒸した玉ネギとチキンブイヨンをミキサーで攪拌
　　してピュレ状にする。塩で味を調える。

2　トッピング用の玉ネギは薄切りにし、さっと素揚
　　げする。

3　器に1を入れ、生ハム、アンチョビ、2をのせ、
　　E.V.オリーブ油をまわしかける。

A さといもと豆乳のピュレ

B 白いんげん豆のピュレ

スープ

———

人気のクリームスープや食べごたえのある具だくさんスープ。
そして、できるだけブイヨンなど頼らずに、野菜本来の味を生かした、
新しいタイプのピュレスープをご紹介する。

新玉ねぎの冷たいスープ、生ハム添え

さといもと豆乳のピュレ

やわらかい味のピュレに、素揚げした玉ねぎと、
ゆでいんげん豆の食感を加える。

材料（作りやすい量）

サトイモ（蒸して皮をむいたもの）…200g
豆乳…80g
チキンブイヨン…80g
白インゲン豆（ゆでたもの）…適量
玉ネギ…少量
塩…適量
揚げ油…適量
E.V.オリーブ油…少量

1　蒸したサトイモ、豆乳、チキンブイヨンをミ
　　キサーで攪拌してピュレ状にする。塩で味を
　　調える。

2　玉ネギは薄切りにして、さっと素揚げする。

3　1を器に入れ、白インゲン豆と2をのせる。
　　E.V.オリーブ油をまわしかける。

白いんげん豆のピュレ

黒コショウやオリーブ油は別添えにして、
食べる直前にかけていただいてもいい。

材料（作りやすい量）

白インゲン豆（ゆでたもの）…240g
チキンブイヨン…160g
生ハム…少量
塩…適量
粗挽き黒コショウ…少量
E.V.オリーブ油…適量

1　白インゲン豆とチキンブイヨンを合わせてミ
　　キサーで攪拌し、ピュレ状にする。塩で味を
　　調える。

2　1を器に入れ、生ハムをのせる。粗挽き黒コ
　　ショウをかけ、E.V.オリーブ油をまわしかけ
　　る。

新玉ねぎの冷たいスープ、
生ハム添え

新玉ねぎのやさしい甘みを生かした、冷製スープ。
トッピングの生ハムや、E.V.オリーブ油、
コショウはできれば別添えにして、
食べる直前に加えるのがのぞましい。

材料（4～5人分）

新玉ネギ…1～2個
牛乳…150g
生クリーム…20g
塩…少量
レモン果汁…少量
生ハム…適量
E.V.オリーブ油、粗挽き黒コショウ…各適量

＊牛乳や生クリームの量は目安。使う玉ネギに合わせて調整するとよい。

1 　新玉ネギは皮をむき、芯の部分をくり抜く。アルミ
　　ホイルで包み、150℃のオーブンでやわらかくなる
　　まで加熱する。

2 　1をミキサーにかけ、食感が残る程度のピュレにす
　　る。

3 　ボウルに2と牛乳を入れて混ぜ合わせ、生クリーム
　　を加え、味や濃度により水で調製する。塩とレモン
　　果汁で味を調え、冷蔵庫でよく冷やす。

4 　3を器に注ぎ、生ハムをのせ、E.V.オリーブ油と粗
　　挽き黒コショウをふる。

マッシュルームのスープ

幅広い年齢層の方に好まれる、
温製のクリームスープ。
牛乳と生クリームの比率や濃度は、
好みにより調整するとよい。

【材料（作りやすい量）】

マッシュルーム（縦薄切り）…200g
ニンニク（みじん切り。好みで）…少量
無塩バター…適量
白ワイン…少量
チキンブイヨン（薄めのもの）…100gほど
牛乳…適量
生クリーム…適量（牛乳と同量）
塩…適量

＊マッシュルームは、鮮度のよいものを使う。

1　鍋にバターを溶かし、マッシュ
　　ルームを入れ（好みでニンニク
　　も入れ）、軽く色づくように炒
　　める。塩をふる。

2　1に白ワインを少量加えてアル
　　コールを飛ばし、薄めのチキン
　　ブイヨンをひたひた程度に加え
　　て煮る。

3　マッシュルームに火が入ったら、
　　牛乳と生クリームを加え、塩で
　　味を調える。

A 長ねぎとじゃがいもとカリカリベーコンのスープ

B ごぼうと椎茸とじゃがいものスープ

C じゃがいもと春菊とカリカリベーコンのスープ

D 新玉ねぎとじゃがいもとかぶのスープ

スープ

A

長ねぎとじゃがいもと
カリカリベーコンのスープ

長ねぎとじゃがいもの味を生かしたピュレスープ。
加える調味料は、塩とコショウのみ。

材料(作りやすい量)

長ネギ…150g
ジャガイモ…60g
水(またはチキンブイヨン)…210g
塩、黒コショウ…各適量
カリカリベーコン(*)…4g
イタリアンパセリ…適量
粗挽き黒コショウ…適量

*カリカリベーコン:適宜に切った薄切りのベーコンをテフロン加工
のフライパンに入れ、水分を飛ばすようにしっかり焼き、冷ました
もの。

1 長ネギとジャガイモと分量の水を真空用袋に
  入れて真空にし、100℃の湯に1時間ほど入
  れて、加熱する。袋から出し、バーミックス
  で攪拌する(長ネギのスジが残る程度に)。

2 塩、黒コショウで味を調え、器に盛る。カリ
  カリベーコンを浮かべ、粗く切ったイタリア
  ンパセリを散らし、粗挽き黒コショウをふる。

B

ごぼうと椎茸と
じゃがいものスープ

ごぼうをじゃがいもと同量使用し、
豆乳を加えてほどよく風味を感じさせる。
隠し味に、和だしと白味噌を少々。

材料(作りやすい量)

ゴボウ…60g　　　和だし(*)…40g
ジャガイモ…60g　　白味噌…少量
シイタケ…30g　　　塩…適量
水…150g　　　　　レモン果汁…少量
豆乳…100g　　　　ベーコン(みじん切り)…4〜5g

*和だしは、カツオ節と昆布のだしなど好みのものでよい。

1 ゴボウは皮をタワシなどでこそぎ、薄い輪切
  りにする。ジャガイモは皮をむいて薄切りに
  する。シイタケも薄切りにする。すべて合わ
  せて分量の水とともに真空用袋に入れて真空
  にし、100℃の湯に1時間ほど入れて加熱す
  る。

2 1を袋から出し、ミキサーで攪拌する(粗さ
  が少し残るほうがよい)。

3 2、豆乳、和だしを鍋に合わせて温め、白味
  噌、塩、レモン果汁で味を調える。ベーコン
  を加えて混ぜ合わせる。

C

D

じゃがいもと春菊と
カリカリベーコンのスープ

じゃがいもに少量の春菊を加えたピュレを、
牛乳と合わせて作る。カリカリベーコンは
混ぜ込まずに、食べる際に上にのせてもよい。

材料（作りやすい量）

【じゃがいものピュレ】
│ ジャガイモ（男爵。皮をむいたもの）…100g
│ 水…100g
春菊…3株
牛乳…60〜70g
塩…適量
カリカリベーコン(p.186)…2g
パルミジャーノ・レッジャーノ・チーズ(すりおろし)
　…適量
白コショウ…適量

1　じゃがいものピュレを作る。ジャガイモを薄
　　切りにする。同量の水とともに真空用袋に入
　　れて真空にし、100℃の湯に1時間ほど入れ
　　て加熱する。袋から出し、ミキサーで撹拌し
　　てピュレ状にする。

2　春菊をさっとゆで、みじん切りにする。

3　1と2を合わせ、ミキサーで撹拌する。

4　3と牛乳を鍋に合わせて温め、塩で味を調え
　　る。

5　4にカリカリベーコンと、パルミジャーノ・
　　レッジャーノ・チーズを加えて合わせる。器
　　に盛り、白コショウをふる。

新玉ねぎとじゃがいもと
かぶのスープ

新玉ねぎ、かぶ、じゃがいものやさしい味の
組み合わせに、オリーブでアクセントを加えた。

材料（作りやすい量）

【新玉ねぎとかぶのピュレ(100gを使用)】
│ 新玉ネギ…100g／カブ…100g／水…200g
【じゃがいものピュレ】
│ ジャガイモ（皮をむいたもの）…150g
│ 水…150g
カブの茎(ゆでて細かく刻む)…25g
緑オリーブ(種をとりみじん切り)…10g
塩…適量／E.V.オリーブ油…10g

1　新玉ねぎとかぶのピュレを作る。新玉ネギは
　　くし形に切る。カブは皮つきのまま輪切りに
　　する。合わせて同量の水とともに真空用袋に
　　入れて真空にし、100℃の湯に1時間ほど入
　　れて加熱する。袋から出し、ミキサーで撹拌
　　してピュレ状にする。

2　じゃがいものピュレを作る。ジャガイモを輪
　　切りにする。同量の水とともに真空用袋に入
　　れて真空にし、100℃の湯に1時間ほど入れ
　　て加熱する。袋から出し、ミキサーで撹拌し
　　てピュレ状にする。

3　1のピュレ100gと2のピュレ300gを鍋に
　　合わせて加熱し（濃度により、水で調製しても
　　よい）、塩で味を調える。カブの茎と緑オリ
　　ーブを加えて火をとめ、E.V.オリーブ油をま
　　わし入れる。

A	C	D
B	E	

A パプリカの白ワインビネガースープ
B にんじんと蜂蜜バターのスープ
C ブロッコリーとアンチョビのスープ
D かぶと豆乳のスープ
E 新玉ねぎと白身魚とご飯のスープ

パプリカの
白ワインビネガースープ

ビネガーをきかせたパプリカのスープ。
冷製でも温製でもおいしい。

材料（作りやすい量）

パプリカ(赤)…280g
玉ネギ…140g
オリーブ油…60〜80g
ニンニク…1粒
水…140g
白ワインビネガー…15gほど
塩…適量
イタリアンパセリ…適量

1　ヘタと種を除いたパプリカと玉ネギを縦細切りにし、オリーブ油、ニンニク、分量の水とともに真空用袋に入れて真空にする。100℃の湯に1時間以上入れて加熱する。袋から出し、ミキサーで攪拌する。

2　1に白ワインビネガーを加え、塩で味を調える。濃い場合は水で濃度を調整する。

3　2を器に入れ、刻んだイタリアンパセリを散らす。

にんじんと
蜂蜜バターのスープ

軽く焦がしたバターと蜂蜜が、
にんじんの自然な甘みを引き立てる。

材料（作りやすい量）

ニンジン…220g
水…220g
無塩バター…14g
ハチミツ…10g
牛乳…60〜70g
生クリーム(乳脂肪分47%)
　…20〜30g
レモン果汁…少量
塩…適量
オレンジの果肉
　…少量
ライムの皮…少量

1　ニンジンを皮つきのまま薄切りにし、同量の水とともに真空用袋に入れて真空にする。100℃の湯に1時間ほど入れて加熱する。袋から出し、ミキサーで攪拌する。

2　フライパンにバターを入れて加熱し、軽く焦がして、ハチミツを加える。

3　1と2を合わせて牛乳と生クリームを加え、レモン果汁、塩で味を調える。

4　3を器に入れてオレンジの果肉を浮かべ、ライムの表皮をおろしかける。

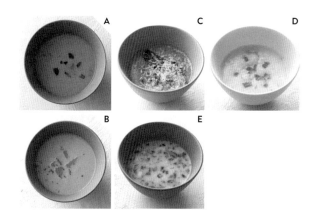

A	C	D
B	E	

ブロッコリーと
アンチョビのスープ

C

アンチョビとチーズのうま味と塩気を
味つけに使った。
ブロッコリーは、ゆですぎないよう注意する。

材料（作りやすい量）

ブロッコリー（ゆでたもの）…260g
水…200g／塩…適量
アンチョビ（5等分ほどにちぎる）…2g
ブロッコリーの葉（ゆでる）…1〜2枚
パルミジャーノ・レッジャーノ・チーズ…2g

1 ブロッコリーと分量の水を合わせて、ミキサーで
　攪拌する。

2 1を鍋に入れて温め、塩で味を調える。

3 2を器に入れ、アンチョビとブロッコリーの葉を
　浮かべる。パルミジャーノ・レッジャーノ・チー
　ズをおろしかける。

かぶと豆乳のスープ

D

あっさりとしたかぶと豆乳の組み合わせに、
ヤシオマスの燻製とユズの皮でアクセント。

材料（作りやすい量）

カブ…180g　　　　ヤシオマスの燻製（＊）
水…180g　　　　　　…適量
豆乳（濃いもの）…45g　ユズの皮…適量
塩…適量

＊ヤシオマスの燻製の代わりに、スモークサーモンや
　シラスを加えてもよい。

1 カブを皮つきのまま輪切りにし、同量の水とともに真空用袋に入れて真空にし、100℃の湯に1時間ほど入れて加熱する。袋から出し、ミキサーで攪拌する。

2 1と豆乳を鍋に合わせて温め、塩で味を調える。

3 2を器に入れ、小さく切ったヤシオマスの燻製を浮かべる。ユズの表皮をおろしかける。

＊1でカブの葉や茎も一緒に加熱し、トッピングに使用してもよい。

新玉ねぎと
白身魚とご飯のスープ

E

やさしい味わいの新玉ねぎのピュレをベースに、
牛乳で煮たご飯や白身魚を合わせて、おじや風に。

材料（作りやすい量）

【新玉ねぎのピュレ】
　新玉ネギ…100g
　水…100g
【ご飯と牛乳のおじや（80gを使用）】
　ご飯…50g
　牛乳…150g
白身魚（タラやタイ。切り身）…25g
ニラ…25g
塩、レモン果汁…各少量

1 新玉ねぎのピュレを作る。新玉ネギをくし形に切る。同量の水とともに真空用袋に入れて真空にし、100℃の湯に1時間ほど入れて加熱する。袋から出し、ミキサーで攪拌してピュレ状にする。

2 ご飯と牛乳のおじやを作る。ご飯と牛乳を鍋で煮てとろみをつけ、バーミックスでさっと攪拌する。

3 白身魚に塩をふってさっとゆで、皮と骨をとり除いてほぐしておく。ニラをゆでて冷水にとり、みじん切りにする。

4 鍋に1のピュレ200g、2のおじや80g、3の白身魚とニラを入れて加熱し、塩とレモン果汁少量で味を調える。

春野菜と鱈の具だくさんスープ

192

A さつまいものプリン

スイーツ

野菜やフルーツを使ったスイーツも人気。
デリと一緒に甘いものも少し、というニーズにこたえるスイーツは、
素材感のある、わかりやすいものがよい。

B かぼちゃのプリン

春野菜と鱈の具だくさんスープ

大きめに切ったさまざまな野菜と鱈で作る、
食べごたえのあるスープ。

材料（作りやすい量）

生ダラ(切り身)… 2切れ
A
　長ネギ… 1/2本
　セロリ… 1/4本
　カブ… 1個
　玉ネギ… 1/6個
　春ニンジン(＊)… 1本
　マッシュルーム… 3個
新ジャガイモ(小。皮つきのまま蒸す)… 3～4個
B
　春のグリーン野菜(グリーンピース、スナップエンドウ、
　　グリーンアスパラガス、ソラ豆、スティックブロッコリー
　　など)… 適量
ニンニク(皮と芽をとり、軽くつぶす)… 1粒
チキンブイヨン… 適量
ローリエ… 1枚
パセリ(みじん切り)… 適量
オリーブ油、E.V.オリーブ油… 各適量
塩、黒粒コショウ… 各適量

＊ニンジンは、皮がやわらかければ皮つきで使用するとよい。

1　タラは皮と骨を除き、軽く塩をふっておく。

2　Aの野菜はそれぞれ食べやすい大きさに切る。

3　Bの野菜は掃除して、塩を加えた湯でゆでる。冷水
　　にとって、水気をきる。大きいものは食べやすい大
　　きさに切る。

4　鍋にオリーブ油をひいてニンニクを入れ、2の野菜
　　を入れて炒める。

5　4に1のタラを入れて、両面を焼く。チキンブイヨ
　　ンを入れ、ローリエを入れて煮る。途中で蒸したジ
　　ャガイモを加える。

6　野菜に火が通ったら、3の野菜を加えて温める。塩
　　で味を調え、黒コショウを挽きかける。E.V.オリー
　　ブ油をまわしかけ、パセリを散らす。

A

さつまいものプリン

自然な甘みがプリンと相性よし。

（材料（作りやすい量））

【カラメル】　　　　　サツマイモ…100g
│グラニュー糖…130g　プリン液(下記)…230g
│水…50g

1　サツマイモは皮つきのまま蒸して、食べやすい大きさに切る。

2　鍋にカラメルの材料を入れて加熱し、飴色になったら火をとめる。熱いうちに、プリン型の底に適量流しておく。

3　2に1のサツマイモを適量入れ、プリン液を適量流し入れる。

4　3を天板にのせてまわりに湯を張り、150℃のオーブンで約40分湯煎焼きする。粗熱がとれたら冷蔵庫で冷やす。

B

かぼちゃのプリン

大きめに切ったかぼちゃが、存在感たっぷり。

（材料（作りやすい量））

カラメル(左記作り方2)　カボチャ…100g
　…適量　　　　　　　プリン液(下記)…230g

1　カボチャは皮つきのまま蒸して、食べやすい大きさに切る。

2　カラメルが熱いうちに、プリン型の底に適量流しておく。

3　2に1のカボチャを適量入れ、プリン液を適量流し入れる。

4　3を天板にのせてまわりに湯を張り、150℃のオーブンで約40分湯煎焼きする。粗熱がとれたら冷蔵庫で冷やす。

プリン液

（材料（作りやすい量））

卵…5個
砂糖…125g
牛乳…250g
生クリーム
　(乳脂肪分47%)…250g

1　ボウルに卵と砂糖を入れ、泡立て器で混ぜ合わせる。

2　1に牛乳を加えて混ぜ、生クリームを入れて合わせる。漉し器で漉す。

A バナナとアンズのパンプリン

B パイナップルとブルーベリーの
パンプリン

A

バナナとアンズのパンプリン

あまったジェノワーズやパンを無駄にしないようにと考え、
ロングセラー商品となった、
「デリカショップ・オーベルジュ」の人気スイーツ
「マロンケーキ」のフルーツバージョン。
パンプディングのようなやさしい味わいで、
世代を問わずおいしく食べていただける。

材料

フラン液(下記)…適量
パン(食パンまたはバゲットの白い部分)…適量
ジェノワーズ(プレーン*)…適量
ジェノワーズ(ココア*)…適量
バナナ…適量
アンズ(セミドライ)…適量

＊ここではパウンド型で作ったが、他の型を使用してもよい。
＊ジェノワーズ(プレーンとココア)は、あるものでよい。
　どちらもなければ、使用しなくてもよい(その分パンの量を増やす)。

1　パンとジェノワーズは、それぞれ2〜3㎝角に切る。

2　型からはみ出る大きさのラップフィルムを型に敷き
　　込み、ジェノワーズ(プレーン)、バナナ(長いまま
　　中央におく)、アンズ、ジェノワーズ(ココア)、パン、
　　ジェノワーズ(プレーン)の順に詰める。

3　2にフラン液を適量流し、少し時間をおいてなじま
　　せたら、再度フラン液を流す。これを何度かくり返
　　し、フラン液をしっかり染み込ませる。表面を整え、
　　はみ出たラップフィルムでしっかり包む。

4　3を天板にのせてまわりに湯を張り、170℃のオー
　　ブンで60〜70分湯煎焼きする。型のまま完全に冷
　　まし、冷めたらラップごととり出し、適当な厚さに
　　切り分ける。

フラン液

材料 (作りやすい量／700g)

卵…200g
グラニュー糖…100g
牛乳…200g
生クリーム…200g

1　ボウルに卵とグラニュー糖を
　　入れ、泡立て器で混ぜ合わせ
　　る。

2　1に牛乳を加えて混ぜ、生ク
　　リームを入れて合わせる。漉
　　し器で漉す。

パイナップルとブルーベリーの
パンプリン

こちらは、甘ずっぱいパイナップルと
ブルーベリーの組み合わせ。
どちらのパンプリンも、
電子レンジなどで温めて食べてもおいしい。
また、アイスクリームなどを添えてもよい。

（ 材料 ）

フラン液（p.198）…適量
パン（食パンまたはバゲットの白い部分）…適量
ジェノワーズ（プレーン）…適量
パイナップル（一口大に切る）…適量
ブルーベリー…適量

＊ここではパウンド型で作ったが、他の型を使用してもよい。
＊ジェノワーズがなければ、使用しなくてもよい（その分パンの量を増やす）。

1　パンとジェノワーズは、それぞれ2～3cm角に切る。

2　型からはみ出る大きさのラップフィルムを型に敷き
　込み、ジェノワーズ、パイナップル、ブルーベリー、
　パン、ジェノワーズの順に詰める。

3　2にフラン液を適量流し、少し時間をおいてなじま
　せたら、再度フラン液を流す。これを何度かくり返
　し、フラン液をしっかり染み込ませる。表面を整え、
　はみ出たラップフィルムでしっかり包む。

4　3を天板にのせてまわりに湯を張り、170℃のオー
　ブンで60～70分湯煎焼きする。型のまま完全に冷
　まし、冷めたらラップごととり出し、適当な厚さに
　切り分ける。

ドレッシングとソース

便利なドレッシングやソース類。
簡単に調理した野菜や魚介、肉などにかけるだけで
デリショップの味が再現できる手軽さが魅力。

フレンチドレッシング

使い勝手のいいドレッシングのひとつ。
すりおろした生姜を加えて生姜風味にしたり、
マヨネーズと合わせて
ポテトサラダのソースにしたりと、
さまざまなアレンジも可能。

材料（作りやすい量）

サラダ油…200㎖
酢…60㎖
マスタード粉…小さじ山盛り1
玉ネギ（すりおろし）…30g
ニンニク（すりおろし）…少量
塩…小さじ1（好みで）
コショウ…少量

＊酢やマスタードは、好みのものを使うとよい。
＊玉ネギは、辛みの少ないものを使う。

1 ボウルにサラダ油以外の材料を
すべて入れ、泡立て器で混ぜ合
わせる。

2 ボウルの端からサラダ油を少し
ずつ加えながら、全体をよく混
ぜ合わせる。

使用例

なすとししとうのサラダ
生姜風味ドレッシング p.17

フレンチドレッシングに、醤油とお
ろし生姜を加えて、素揚げしたナス
やシシトウなどを和えてサラダに。

きゅうりドレッシング

すりおろしたきゅうりにビネガーと
オリーブ油を合わせたドレッシング。
さまざまな野菜や魚介を、
さっぱり食べたいときに便利。

使用例

ぶりのポワレ、
きゅうりドレッシング p.116

軽く塩をしたブリの片面をフライ
パンで軽く焼き、切り分けて、き
ゅうりドレッシングをかける。

材料（作りやすい量）

キュウリ… 1本(約90g)
白ワインビネガー…30mℓ
E.V.オリーブ油…30g
塩…4g

＊白ワインビネガーとオリーブ油の量は、好みで
　増減してもよい。

キュウリをすりおろし、すべての材
料を混ぜ合わせる。

ブルーチーズソース

ブルーチーズは、ソースに使うと
クセがほどよく生かされ、
料理の味わいを高める。

材料（作りやすい量）

A
  ゴルゴンゾーラ（またはフルム・
    ダンベール）・チーズ…20g
  ニンニク（すりおろし）…少量
  フレンチドレッシング（p.200）…60g
  マヨネーズ…20g
  パセリ（みじん切り）…少量
黒粒コショウ…適量

Aの材料をよく混ぜ合わせる。黒コ
ショウを2回ほど挽きかける。

レタスと
ブルーチーズソース

さっとゆでただけのレタスも、
ブルーチーズソースをかけるだけで、
個性的な味わいに。

（材料）

レタス…適量
ブルーチーズソース(p.202)…適量
生ハム…適量
塩…適量

1　レタスは縦半分に切る。鍋に湯を沸かして塩
　　を入れ、レタスを入れてさっとゆでる。氷水
　　にくぐらせ、水気をよくとる。

2　1のレタスを器に盛り、ブルーチーズソース
　　をかけて、生ハムを添える。

姫たけのこと
ブルーチーズソース

ブルーチーズソースに、
刻んだ生ハムとオリーブを加えてアレンジ。
たけのこに、洋のテイストが加わる。

（材料）

姫タケノコ…適量
ブルーチーズソース(p.202)…適量
生ハム(みじん切り)…適量
緑オリーブ(種をとり、みじん切り)…適量

1　姫タケノコはアルミホイルで包み、170℃の
　　オーブンで30〜40分（大きさによる）焼いて
　　火を通す。

2　ブルーチーズソースに、生ハムと緑オリーブ
　　を加えて混ぜ合わせる。

3　1を器にのせ、2をかける。

オリーブソース

細かく切った2種類のオリーブを
たっぷり使ったソース。
肉や魚はもちろん、
ゆでただけの野菜にかけてもおいしい。

（材料（作りやすい量））

オリーブ油…60g
チキンコンソメ（またはチキンブイヨン）…40g
グラス・ド・ヴォライユ（あれば）…少量
赤ワインビネガー…適量
スタッフドオリーブ（みじん切り）…10個分
黒オリーブ（種をとり、みじん切り）…5個分
玉ネギ（みじん切り）…50g
ニンニク（みじん切り）…少量
塩、コショウ…各適量

すべての材料を混ぜ合わせ、塩、コ
ショウで味を調える。

グリーンアスパラガスと
オリーブソース

いつものマヨネーズをオリーブソースに替えれば、
大人むきの味わいに。

（材料）

グリーンアスパラガス…適量
オリーブソース(p.204)…適量
クレソンの葉…適量
塩…適量

1　鍋に湯を沸かして塩を入れ、アスパラガスを
　　入れてゆでる。冷水にとり、水気をとる。

2　1をクレソンの葉とともに器に盛り、オリー
　　ブソースをかける。

カリフローレと
オリーブバルサミコ酢ソース

オリーブソースに、バルサミコ酢を加えて
アレンジ。カリフラワーやブロッコリー、
根菜類にもよく合う。

（材料）

カリフローレ…適量
ベビーリーフ…適量
オリーブソース(p.204)…適量
バルサミコ酢…適量
塩…適量

1　鍋に湯を沸かして塩を入れ、カリフローレを
　　入れてゆでる（ゆですぎないよう注意）。冷水
　　にとり、水気をとる。

2　オリーブソースにバルサミコ酢を少量加え、
　　混ぜ合わせる。

3　1を器に盛り、ベビーリーフを散らす。2を
　　かける。

ドレッシングとソース

音羽和紀 （おとわ かずのり）

1947年栃木県宇都宮市生まれ。大学卒業後渡欧。日本人として初めてアラン・シャペルに師事。フランス料理をはじめ、ドイツ料理、スイス料理など幅広く学ぶ。1981年、宇都宮市内にレストラン「オーベルジュ」を創業。2007年7月に「オトワレストラン」を開店。2014年に世界的なホテル・レストラン組織ルレ・エ・シャトーに加盟認証を受け、地方に根ざしたガストロノミーレストランとして国内外のゲストを迎えている。また、宇都宮を中心にレストラン・バー、デリカショップなど複数の業態を手がけ、多様な食の楽しみ方を提案している。特にデリカショップは創業後まもなく第1号店を出して以来、オリジナルのサラダやフレンチドレッシングが地域の人たちの食卓に彩りを添えている。このように時代を越えて支持されるデリ商品の開発や売り方については惣菜メーカー、調味料メーカーにコンサルティングを行い、調理師学校では料理人によるデリ商品開発の授業を通し、料理人の技術を社会に役立てることについても伝えている。また、ライフワークである地域の子どもたちの食教育、生産者と連携した食観光活性化の取り組みも精力的に行う。著書に『なんでもオードヴル』『サラダ好きのシェフが考えたサラダ好きのための131のサラダ』『サラダ好きのシェフが考えたサラダ好きに贈る137のとっておきサラダ』『シェフに教えてもらったシンプルですてきなおもてなしフレンチ』『この地でフランス料理をつくり続けていく』(すべて柴田書店刊) 他がある。

受賞歴《フランス》

1988年　〈ブラルディエ〉ブレス鶏委員会より
1989年　〈ヴィザン葡萄栽培の王〉南仏コート・デュ・ローヌ ヴィザン村より
1989年　〈オリーブの騎士〉ニョンス・オリーブ協会より
1993年　〈フロマージュの騎士〉チーズ鑑評騎士の会より
1993年　〈アン県料理人クラブ名誉会員〉アン県料理人クラブより
1993年　〈エスコフィエの弟子〉エスコフィエ協会より
1998年　〈トリュフの騎士〉トリュフ協会より
1999年　〈ヴォークリューズ名誉県民〉ヴォークリューズ県より
1999年　〈シャトーヌフ・デュ・パープの騎士〉シャトーヌフ・デュ・パープ協会より

受賞歴《日本》

2010年　農林水産省 第一回料理マスターズブロンズ賞
2013年　フランス料理アカデミー会員認定
2015年　フランス共和国農事功労章シュヴァリエ
2015年　栃木県文化功労者（栃木の食文化向上への貢献）
2016年　農林水産省 第一回料理マスターズシルバー賞
2018年　ルレ・エ・シャトー シェフトロフィー2019
2021年　農林水産省 第一回料理マスターズ ゴールド賞
2021年　厚生労働省「卓越した技能者（現代の名工）」
2024年　令和6年春　黄綬褒章

店舗

オトワレストラン
シテ・オーベルジュ
デリカショップ オーベルジュ
オーベルジュ オトワ

連絡先

株式会社オトワ・クリエーション
住所　〒320-0826　栃木県宇都宮市西原町3554-7
電話　028-611-3188　FAX　028-651-2310
https://otowa-group.com/

野菜がおいしい デリのアイデア 191

選ばれるデリの決め手は、野菜使い!

初版発行　2023 年 4 月 25 日
2 版発行　2024 年 9 月 20 日

著者ⓒ　**音羽和紀**（おとわ かずのり）

発行者　丸山兼一

発行所　株式会社柴田書店
　　　　〒113 - 8477　東京都文京区湯島 3 - 26 - 9 イヤサカビル
　　　　営業部 03 - 5816 - 8282（注文・問合せ）　書籍編集部 03 - 5816 - 8260
　　　　https://www.shibatashoten.co.jp

印刷・製本　シナノ書籍印刷株式会社

ISBN 978 - 4 - 388 - 06365 - 9　Printed in Japan